墨香财经学术文库

近似动态规划理论在库存管理中的应用研究

Research on the Application of Approximate Dynamic Programming Theory in Inventory

陈文博 著

东北财经大学出版社 大连
Dongbei University of Finance & Economics Press

图书在版编目（CIP）数据

近似动态规划理论在库存管理中的应用研究 / 陈文博著. —大连：东北财经大学出版社，2025.5. —（墨香财经学术文库）. —ISBN 978-7-5654-5638-1

Ⅰ. F253.4

中国国家版本馆CIP数据核字第20251PP042号

近似动态规划理论在库存管理中的应用研究

JINSI DONGTAI GUIHUA LILUN ZAI KUCUN GUANLI ZHONG DE YINGYONG YANJIU

东北财经大学出版社出版发行

大连市黑石礁尖山街217号　邮政编码　116025

网　　址：http://www.dufep.cn

读者信箱：dufep@dufe.edu.cn

大连图腾彩色印刷有限公司印刷

幅面尺寸：170mm×240mm　字数：145千字　印张：12.5　插页：1

2025年5月第1版　　2025年5月第1次印刷

责任编辑：时　博　孟　鑫　王　斌　　责任校对：赵　楠

封面设计：原　皓　　版式设计：原　皓

书号：ISBN 978-7-5654-5638-1　　定价：68.00元

教学支持　售后服务　　联系电话：（0411）84710309

如有印装质量问题，请联系营销部：（0411）84710711

本书得到国家自然科学基金项目(72232001)和辽宁省教育厅基本科研业务费资助

前　言

本书采用随机动态规划理论分别对企业所面临的几种复杂的库存管理问题进行数学建模，利用离散凸优化的工具来刻画最优解所满足的结构性质，进而运用近似动态规划理论来设计和开发出相应的启发式算法对模型进行求解，并通过系统的数值实验分析来验证算法的有效性。

全书共分为9章，基本逻辑结构与各章内容概要如下：

第1章绪论。主要对本书的背景、意义、概念、目标、思路、方法、内容和创新等分别予以系统说明，明晰本书的基本研究进路。

第2章基础理论与文献综述。主要介绍了随机动态规划、近似动态规划以及$L^{\natural}$凸性的性质这些基本理论框架，对需求丢失情形下的库存管理问题、易变质品库存管理问题、双源采购问题、供应链金融背景下的库存管理问题的文献进行了梳理，然后重点归纳了已有文献中$L^{\natural}$凸性以及近似动态规划在库存管理中的应用。

第3章对具有正数交货期情况下的多周期库存管理问题进行了研究。其中我们假设每个时间周期中未被满足的需求丢失。本章通过随机动态规划模型对此问题进行建模，分析了最优解所满足的性质，并基于近似动态规划理论开发了若干启发式算法。

第4章考虑了正数交货期情况下易变质品的多周期库存管理问题。产品经过一定时间的交付周期到达后，具有M个周期的寿命。该产品根据“先进先出”规则来满足需求，未满足的需求则被积压。本章构建问题模型的贝尔曼方程，利用一个二次函数去近似最优策略下的$L^\natural$凸性值函数，然后用近似动态规划的方法将此动态规划问题转换成线性规划问题进行求解，开发相应的启发式算法。

第5章考虑了常规供应商和紧急供应商的供货提前期任意时的双源采购问题。尽管这种任意提前期下的双源采购问题在现实中非常普遍，但过去很多年来一直是困扰学术界的难题，主要原因是这样的双源采购问题需要利用多维的随机动态规划进行建模，而通过传统值迭代的方法求解多维随机动态规划会遭遇“维数灾难”。我们通过一些模型中的变量转换，证明了任意供应提前期下双源采购问题的值函数具有$L^\natural$凸性，然后我们基于$L^\natural$凸性值函数的二次近似设计了线性规划贪婪算法，把每个阶段的决策问题转化为一维优化问题。

第6章在上一章的基础上同时考虑了供应商产能不确定时任意供应提前期的双源采购问题。企业从常规供应商和紧急供应商所得到的实际产品数量分别被相应供应商实现的随机产能所截取，企业得到的实际产品数量是订货量和供应商实际实现产能的最小值，这样使得整个问题变成一个非凸优化问题。本章首先利用一个巧妙的转换技巧证明随机动态规划模型中各个时间周期的值函数具有$L^\natural$凸性，然后基于$L^\natural$凸性值函数的二次近似设计了线性规划贪婪算法，并运用一些转换技巧把非凸问题转化为一个凸优化问题，最后除了利用数值实验来与已有文献中的双源采购算法进行比较来验证我们算法的有效性之外，本章也基于信息松弛的方法计算存在供应商风险时双源采购问题的成本下界来进一步论证我们所设计算法的有效性。

第7章考虑了市场随机需求分布未知时企业所面临的任意供应提前期下的双源采购问题。本章提出了两种算法来进行求解。在第一种算法中，我们利用线性决策规则来重新表述双源采购问题并进行建模，这样能够将一般的双源采购问题转化为可处理的二阶锥规划。在第二种算法中，我们基于线性决策规则开发了一种新的近似动态规划算法。

第8章在供应链金融的背景下考虑了具有付款延迟和信用额度的多周期随机库存模型，同时研究了需求积压和需求丢失两种情况。我们利用$L^{\natural}$凸性的工具来证明最优订货策略的单调性并基于所设计的启发式算法讨论了信贷限额对库存决策的影响。

第9章为结论和展望。主要是对全书进行梳理和总结，强调本书发现的结论并对本书所关涉的未来研究方向进行展望，同时也提出其中的研究不足。

本书得到国家自然科学基金项目（72232001）和辽宁省教育厅基本科研业务费资助，在此深表谢意。

陈文博

2025年2月

目　录

第1章

绪论

1.1 研究背景与问题提出

在企业的运营管理中，库存是指一些当前闲置的、用于未来的、有经济价值的资源。长期以来，库存作为企业生产和销售的物资保障服务环节，在企业的经营中占有重要地位。企业持有一定的库存，有助于保证生产正常、连续、稳定进行，也有助于保质、保量地满足客户需求，维护企业声誉，巩固市场占有率。库存量的多少直接影响到企业未来的供需是否平衡，进而影响企业的订货成本、库存成本、缺货成本、服务水平以及销售利润。所谓库存控制，又称为库存管理，是指对制造业或者服务业生产经营全过程中所需要的各种物品、产成品以及其他资源进行管理和控制，使其储备保持在经济合理的水平。然而让企业管理者困惑的是：库存控制的标准是什么？库存控制到什么量才能达到要求？如何配置库存是合理的？一般的库存管理有没有可以遵循的最优控制策略？这样的问题尤其在多周期的考虑框架下显得更为重要。如果控制库存不力，有可能导致库存的过剩或不足。库存不足将导致错过送货、失去销售额、顾客不满、产生生产力瓶颈等；而库存过剩将导致消耗仓储空间或者人力资源，进而产生额外的库存成本。

无论是在制造、配送和零售行业，还是在服务行业中，进行库存分析的基本目的是详细说明以下几点：（1）何时订货以及应该订购哪些产品，（2）需要订购的产品的订购数量应该为多少，以及（3）如何在不同需求之间分配产品。有效控制和管理库存使零售商能够满足客户的随机需求，零售商通过使用最大化销售利润或最小化总库存成本的产品数量来满足需求，需要注意的是通常库存成本占企业所有费用的45%~90%。

每家企业都面临着将其供应能力与客户需求相匹配的挑战，能否为这一挑战做好充分准备，对其盈利能力有着重大影响。在管理库存的过程中，企业面临着各种因素（例如需求模式、供应商运送和零售商交付给客户的方式）和各种限制（例如预算限制、供应商的最小或最大订单数量限制，以及所需的客户服务水平）的挑战，需要为大量的物品做决策。因此，从管理科学研究的早期开始，库存管理问题就受到了实践者和学者的广泛关注。企业如何针对自身的实际情况，制定合理的库存管理策略来协调供应链上的各个环节并且将库存维持在一个合理的水平区间，降低成本和经营风险，提高收益，成为企业运营管理中所面临的最重要问题之一。从20世纪50年代初期直到现在，仍然有很多人从实际问题的特征出发进行数学建模，给出最优的库存控制策略性质或者有效的算法。虽然研究人员取得了许多突出成就，但库存管理的理论与实践之间仍存在着较大的差距。

通过文献调研，我们发现早期关于动态库存管理的研究主要侧重于在一些简单的模型中刻画出最优订货策略所满足的结构性质，更加强调最优解的理论分析。但是，在更复杂的实际库存管理场景下运用数学模型进行定量分析的研究还很缺乏，且缺少有效的针对实际库存管理问题的启发式算法。随机动态规划（stochastic dynamic programming，SDP）、马尔科夫决策过程（Markov decision processes，MDP）是应用非常广泛的随机优化建模方法，但是面临着著名的“维数灾难（curses of dimensionality）”问题，即状态空间、信息空间和决策空间随着问题规模的扩大呈指数级增长，因此难以解决实际规模的问题。近似动态规划（appropriate dynamic programming，ADP）是近些年在运筹学、人工智能以及控制论等领域发展起来的一个解决大规模随机优化问题的有效工具，它融合了仿真技术的灵活性和优化技术的智能性。经过多年的发展，近似动态规划的理论逐渐完善，其成功应用的实例包括运输、金融、医疗、车辆路径规划和供应链管理等领域。本书将采用随机动态规划理论分别对企业所面临的几种复杂的库存管理问题进行数学建模，利用离散凸优化的工具来刻画最优解所满足的结构性质，进而运用近似动态规划理论来设计和开发出相应的启发式算法对模型进行求解，并通过系统的数值实验分析来验证算法的有效性。

1.2 研究目的与研究意义

长期以来，库存作为企业生产和销售的物资保障服务环节，在企业的经营中占有重要地位。库存控制作为企业仓储管理的一个重要组成，在满足顾客服务要求的前提下通过对企业的库存水平进行控制，力求尽可能降低库存水平、提高物流系统的效率，以提高企业的市场竞争力。本书主要关注多周期的随机库存控制问题。在运营管理领域，从20世纪50年代初期直到现在，很多人从实际问题的不同特征出发进行相应的数学建模，给出最优的库存控制策略性质或者有效的算法。本书以近年来社会实践中出现的6种库存管理问题为研究对象，结合这些问题的实际具体特征，对这些比较复杂的库存管理问题进行深入剖析，具有很强的理论研究和实践指导意义。具体而言：

（1）在理论上，本书的研究能够丰富和发展已有的库存控制研究领域。近50多年来，关于库存控制问题的研究仍然层出不穷，大部分研究分别从不同时间框架（单周期或者多周期）、库存检查的方式（连续检查或者定期检查）、供应和需求端是否存在随机性、需求是否内生等不同角度，进行数学建模来做进一步研究。本书沿着前人的研究思路，综合不同的因素，首先利用随机动态规划和离散凸优化中$L^\natural$凸性的工具来刻画最优成本函数（value-to-go function）的$L^\natural$凸性，并进一步利用卡鲁什-库恩-塔克（Karush-Kuhn-Tucker，KKT）条件和一些导数的性质刻画了最优解的一些结构性质。其次，利用$L^\natural$凸性的工具刻画了这些库存管理问题中最优解的结构性质，并基于$L^\natural$凸性设计了有效的启发式算法。整个研究拓宽了当前库存控制研究的思路和内容，也从研究方法上丰富和发展了现有的库存控制理论研究。

（2）从实践操作层面来讲，本书所关注的库存管理问题均为状态空间非常大的马尔科夫决策问题。这种“维数灾难”将会给问题的求解以及最优策略的制定造成巨大的困难。针对这些棘手的问题，有许多学者提出了表现良好的启发式策略，但是这些启发式策略的假设条件比较苛刻且适用的范围比较狭隘。近似动态规划理论是求解高维状态动作空间问题的非常有效的方法。本书结合值函数近似方法，设计了针对不同库存管理问题的启发式算法，这些算法可直接应用于企业采购实践，帮助企业节省成本。

1.3 主要研究内容和创新点

本书主要研究6类当前文献中仍未得到广泛研究的库存管理问题，分别为：需求丢失（lost sales）情形下的库存管理问题；易变质品的库存管理问题；不考虑任何供应商风险下的双源采购问题；同时考虑供应商产能不确定情形下的双源采购问题；在需求分布信息未知时的双源采购问题；考虑供应链金融背景下企业订货时可以延迟付款时的库存管理问题。为研究这些库存管理问题，本书通过随机动态规划对这6类库存管理问题进行建模，通过分析最优成本函数的性质研究最优库存控制策略。本书根据最优成本函数的$L^\natural$凸性设计了线性规划贪婪（linear programming greedy，LP-greedy）算法，并通过数值实验验证其特性。具体的研究内容和创新点如下所述：

（1）在需求丢失情形下的库存管理问题中，对于卖方而言，从订单下达到货物抵达需要经过一段时间，其间如果需求到达时卖方没有足够的存货能够用来完全满足客户的需求，那部分未被满足的需求将会流失掉，给卖方带来巨大的损失。针对这一问题，本书先利用近似动态规划的框架将动态规划问题转换成线性规划问题，再利用结构简单但性质良好的二次函数去近似值函数，并且针对实际问题采用表现较好的启发式策略来生成样本路径（sample path），然后通过求解线性规划问题得到初始的值函数。最后，从近似值函数出发，本书提出了几种启发式算法。LP-greedy 算法利用近似值函数作为连续函数来求解采购量。它本质上是一种广义的基本库存（base stock）策略，并且它取决于所有未完成订单中的线性“扭曲”库存头寸。还有一种是线性规划二阶贪婪 LP-Greedy-2 算法，在该算法中，我们使用贪婪算法所求解得到的最优目标函数作为下一阶段的值函数。此外，可以进一步使用二次线性结构对二次近似函数进行数值迭代，这就产生了一整类订至点水平算法，从 LP-greedy 到 T^L 算法。更进一步，将 T^L 算法的目标函数作为值函数来搜索最优订购量可以得到更进一步的 T^{L+1} 算法。根据不同的成本记账技巧，本书还提出了一种替代的贪婪算法 $(\mathrm{LP}-\hat{q}-\mathrm{greedy})$。

（2）在易变质品的库存管理问题中，一些易逝品，例如新鲜蔬果、海产品等，它们具有较短的保质期，当这些产品过期后就必须处理掉，这也将带来巨大的损失。此外，在易变质制品库存管理问题中同样认为从订单下达到货物抵达需要经过一段时间。然而，这期间如果需求到达时卖方没有足够的存货能够用来完全满足客户的需求，那部分未被满足的需求并不会流失掉，而是允许延期弥补这些缺失的需求，但这也需要支付一定的费用。针对这一问题，本书提出了一类从 LP-greedy 到 T^A 的算法。此外，我们也提出了一个针对易变质品版本

的 T^{L+1} 算法。据我们所知，这是第一个解决具有正交付期的易变质品库存管理问题的启发式算法。我们还提出了一种近似算法——MyopicMC，这是基于 Nahmias（1976）提出的近似启发式算法的一个拓展。

（3）任意供货提前期差异下的双源采购问题是指供应商在单位采购成本和供应提前期上存在差异的双源采购问题。企业需要同时根据期初库存水平和在途库存进行库存控制，因此本书用多维随机动态规划进行建模，发现各个时间段的最优成本函数（value-to-go function）具有 $L^{\natural}$ 凸性。然后基于 $L^{\natural}$ 凸性函数的二次近似和近似动态规划的理论，我们开发了线性规划贪婪算法，把每个阶段的决策问题转化为一维优化问题。详细的数据实验表明，我们的算法比近年来双源采购文献中所提出的几种启发式方法更为有效。

（4）对多周期情形下任意供应供货提前期的双源采购问题做进一步的拓展。考虑两个供应商均存在风险的情况，其中我们用供应商的随机产能来刻画供应商的风险。考虑供应的不确定性给这个问题带来了更进一步的挑战。具体来说，每个时间周期内实际得到手的订货量将会被某个随机产能的实现所截断，真实得到的订货量是企业订货量和供应商实际产能的最小值，因此导致动态规划中每个时间周期的问题不是一个凸优化问题。近年来也有一些研究提出一些算法来解决任意供应提前期的双源采购问题，但是没有人针对存在供应商产能不确定性的情形进行研究。本书除了基于 $L^{\natural}$ 凸性函数的二次近似和近似动态规划理论，也利用 Chen 等（2018）提出的一个巧妙的转换技巧把各个时间周期的问题转化为一个凸优化问题，从而可以方便地进行搜索得到最优解，这是本书的创新点之一。我们仍然利用数值实验来和当前文献中的双源采购算法进行比较来验证算法的有效性。除此之外，我们也基于信息松弛（information relaxation）的方法计算存在供应商风险时双源采购问题的成本下界，用以进一步说明我们所设计算法的有效性，这是本书针对此问题的另一个创新点。

（5）当前关于双源采购问题的研究都假定企业所面临的随机市场需求满足特定的概率分布，但在现实中，企业通常无法确切地知道市场需求的真实概率分布，同时任意供应提前期的双源采购问题也会遇到“维数灾难”的情况。在本书中，我们采用“线性决策规则（linear decision rule，LDR）”来解决上述问题。通过线性决策规则，观察到的不确定性的实现是动态采用的，因此可以利用不确定过程中揭示的新信息以达到良好的性能。通过一些鲁棒优化转换，LDR得到了一个可行的二阶锥问题（second order cone programming，SOCP），可以通过内点法高效求解。更进一步，我们针对上述双源采购问题提出ADP-LDR的新方法，它可以将原始的动态决策问题转化为基于LDR的近似动态规划。显然，这种新提出的方法是LDR的延伸，但仍属于近似动态规划的一个分支。在理论上，我们提出了一种新的在不确定性下的近似动态规划方法，该方法使用相应的线性决策规则来近似每种不确定性下可能实现的值函数，并得到预期值函数的近似，从而将随机动态规划转化为单阶段优化问题。在实践中，我们在供应链管理中使用具有随机容量和任意交货时间的复杂双源采购问题进行实验，结果表明LDR和ADP-LDR在成本和计算时间方面均能达到良好的性能，并且我们新提出的ADP-LDR效果更好。

（6）在供应链金融背景下，供应商利用贸易信用进行销售是一种非常普遍的做法，这种做法占到全球近2/3的贸易（Breza and Liberman，2017）。贸易信用允许下游买家在某些预先规定的信贷条件下延迟支付商品和服务。这类贸易信用条款通常包括信用期限和信用额度。在赊购时，买方不是立即付款，而是在其资产负债表上创建应付账款（accounts payable，AP）。该应付账款的支付周期等于信用周期。对于下游买家，信用额度的存在使企业在计算采购成本时增加了额外的复杂性，从而也进一步增加了得到最优订购策略的复杂性。在存在信用限额的情况下，付款的时间取决于买方的补货决定。因此，当计算货币的时间价值时，边际购买成本不是恒定的。根据这一观察，最优的补充政策必须是将贸易信贷的价值纳入传统业务权衡的政策。由于库存动态和现金流之间复杂的相互作用，这个问题在多周期的情况下变得尤其复杂。我们提出了一个同时考虑付款延迟和信用额度的多周期随机库存模型。我们的模型旨在捕捉最优订购策略与应付账款和库存状态之间的特性。针对积压和丢失销售的情况，我们提出了减少状态空间维度的方法。在这两种情况下，最优订货量被证明是随着每个年龄段的应付账款和库存水平而减少的。此外，最优订购数量对应付账款的敏感性随年龄增长而降低。也就是说，最优订购数量对于年轻的应付账款更为敏感。在积压情况下，由于信用限制的存在，基准库存策略不是最优的。令人惊讶的是，我们的数值例子表明，优化的订购数量未必随着信用额度增加而增加。最后，基于成本值函数的$L^{\natural}$凸性，我们为具有独立同分布需求的无限期模型设计了一个线性规划的贪心启发式策略。数值结果显示我们的启发式策略表现良好。

1.4 研究方法与技术路线

上一节中介绍了本书的主要研究内容以及相对于之前库存管理文献中的创新点，在本节中我们将介绍本书的研究方法和技术路线。本书针对拟探索的三个库存控制问题，使用了多种研究方法并设计了详细的技术路线，具体如下所述：

1）随机动态规划

本书研究的六个库存管理问题均在多周期的时间框架内，并需要同时考虑到供给和需求的不确定性，因此我们用随机动态规划理论对本书中的研究问题进行建模，得到贝尔曼方程（Bellman equation），然后通过研究贝尔曼方程的结构性质来得到各个周期最优解所满足的特性，为我们后面的进一步研究奠定基础。

2）$L^\natural$凸性

为了更好的研究本书中六个多周期的随机库存控制问题，我们应用了离散凸优化中$L^\natural$凸性的工具来刻画优化解的结构性质。Murota（1998）在试图把强大的凸分析工具从连续空间拓展到具有网格（lattice）结构的离散空间时引入了$L^\natural$凸性的概念。近年来，研究发现$L^\natural$凸性可以在很多库存控制问题上发挥重要作用，它可以用来方便地推导出库存问题中最优解所满足的结构性质，这将为后续推导更具体的结构性质以及设计有效的启发式方法提供理论依据。

3）近似动态规划

本书所研究的库存管理问题所对应的随机动态规划模型均是多维的，用传统的值迭代（value iteration）方法来求解动态规划问题的最优解是不可行的，会遇到所谓的“维数灾难”，因此我们用近似动态规划的方法来求解。近似动态规划的一种典型处理方法是用基函数（basis functions）来替代动态规划模型中抽象的最优成本函数（value-to-go function）。在本书后面第3章至第6章及第8章的库存管理问题中，我们假设需求分布已知时，能够证明最优成本函数具有$L^\natural$凸性，之后我们用二次函数来对具有$L^\natural$凸性的最优成本函数做近似，这样我们所研究的无限期（infinite horizon）动态规划模型就可以转化为一个近似线性规划模型，通过求解相应线性规划便可以得到具体的二次函数系数。

4）线性决策规则

在本书第7章需求分布信息未知的双源采购问题中，我们不使用动态规划中贝尔曼方程的方法来建模，我们直接利用LDR重新表述双源采购问题，我们将展示使用LDR重新表述可以将一般的双源采购问题转化为可处理的二阶锥规划（SOCP）。更进一步，我们基于LDR开发了一种新的近似动态规划算法，并发现在每个时间周期内，近似成本函数对关于决策变量是凸的，这可以使过程更高效。

5）信息松弛（information relaxation）

当双源采购问题中的两个供应商均存在风险时，由于又增添了额外的随机性，空间维度进一步扩大，这样即使面对较小的供应提前期差异，用传统的值迭代（value iteration）方法去求解高维库存管理问题的最优解也变得更加耗时。因此我们通过信息松弛的方法计算双源采购问题的理论成本下界，并将其与设计算法的实际成本进行对比，从而验证算法的有效性。信息松弛的方法由Brown等（2010）提出，其中的一个关键步骤是设计一个基于问题本身的惩罚函数来惩罚相应被放松的信息集合。在所研究的问题中，我们基于我们所设计的启发式算法来构造惩罚函数。

6）仿真数值实验及案例分析

与大部分库存管理的研究类似，我们也通过构造数值实验来更形象地展示最优解的结构性质以及检验算法的有效性。除此之外，本书中库存管理问题研究的最终目标是将理论结果应用到企业的运营决策中去，因此，当理论研究和近似策略及算法的研究有了一定的成果后，我们会联系相关的企业来测试我们得到的决策规则算法的性能并进行相关案例分析。

本书总体的技术路线如图1-1所示：

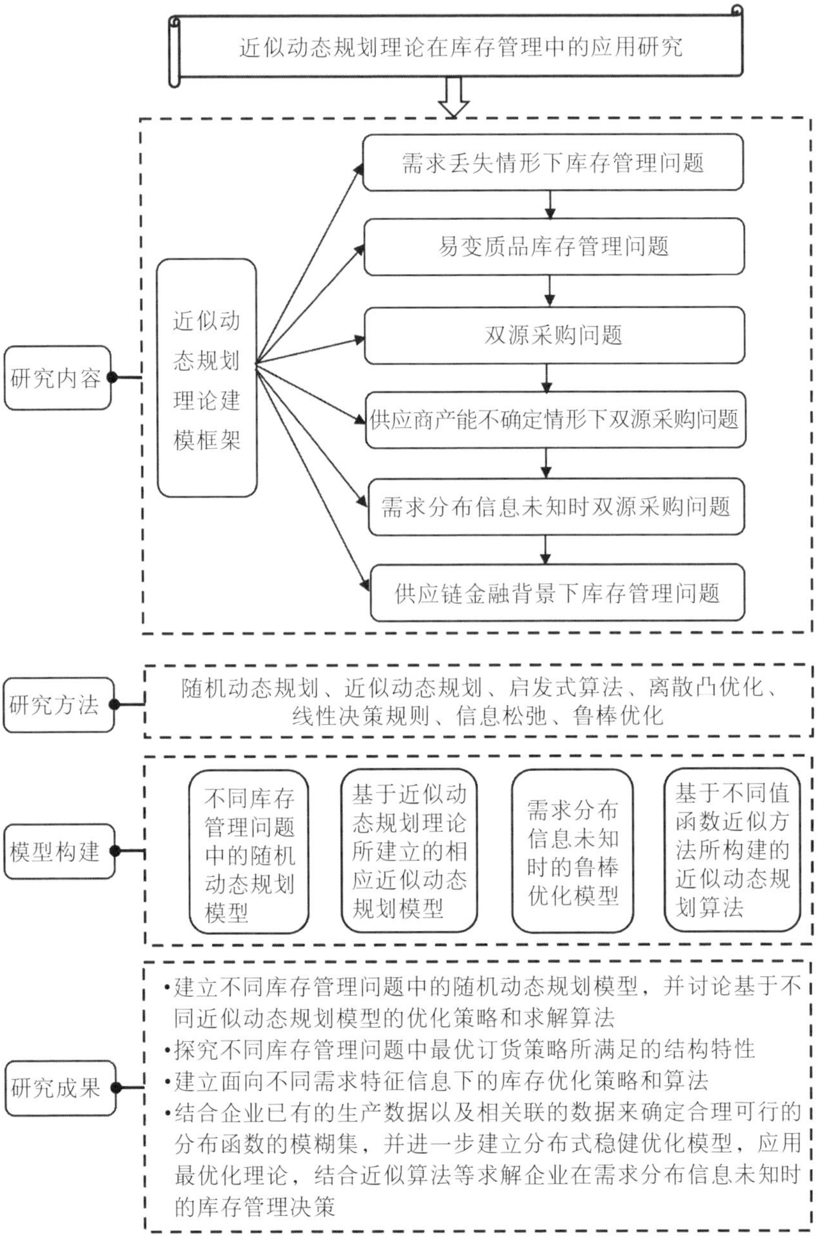
近似动态规划理论在库存管理中的应用研究
研究内容
近似动态规划理论建模框架
需求丢失情形下库存管理问题
易变质品库存管理问题
双源采购问题
供应商产能不确定情形下双源采购问题
需求分布信息未知时双源采购问题
供应链金融背景下库存管理问题
研究方法
随机动态规划、近似动态规划、启发式算法、离散凸优化、线性决策规则、信息松弛、鲁棒优化
模型构建
不同库存管理问题中的随机动态规划模型
基于近似动态规划理论所建立的相应近似动态规划模型
需求分布信息未知时的鲁棒优化模型
基于不同值函数近似方法所构建的近似动态规划算法
研究成果
•建立不同库存管理问题中的随机动态规划模型，并讨论基于不同近似动态规划模型的优化策略和求解算法
•探究不同库存管理问题中最优订货策略所满足的结构特性
•建立面向不同需求特征信息下的库存优化策略和算法
•结合企业已有的生产数据以及相关联的数据来确定合理可行的分布函数的模糊集，并进一步建立分布式稳健优化模型，应用最优化理论，结合近似算法等求解企业在需求分布信息未知时的库存管理决策

图 1-1　技术路线图

第2章

基础理论和文献综述

2.1 基础理论

2.1.1 随机动态规划理论

动态决策问题广泛存在于多个学科领域，包括工程学、经济学和运筹学等。首先，这类问题涉及多个时间段，因此决策者不仅需要考虑当前时间段的回报，更重要的是要考虑当前决策所带来的状态价值，并为未来做出规划。产品的受欢迎程度随时间变化而变化。例如，在新型电子设备被开发并进入市场初期，产品可能非常受欢迎，但随着它的老化，其价值会逐渐降低。另一方面，情况也可能相反，随着更多消费者开始使用某个产品，它可能因为正向外部性的存在而变得更受欢迎并增值。为了规划产品的生产、分销和定价，应考虑整个产品的生命周期。其次，将随机性纳入问题是合理的。由于市场中的随机性和买卖双方的自由，真实市场存在着巨大的不确定性，理性的决策者应通过在不确定性下做出正确的决策来将这种随机性转化为利润。

随机动态规划（SDP）是求解动态不确定性决策中最经典、最通用的方法之一。设 s_t 为系统在时刻 t 的状态，d_t 为决策，ξ_t 为不确定性，$g_t(s_t, x_t, \xi_t)$ 为当前时段 t 的值，r 为折现因子，$f_t(s_t)$ 为从时刻 t 开始系统处于 s_t 状态时的值函数，我们可以利用贝尔曼方程求出处于状态 s_t 的值。

$$f_t(s_t) = \max_{x_t} (g_t(s_t, x_t, \xi_t) + rE[f_{t+1}(s_{t+1})])$$

对于有限时间跨度的问题，SDP 可以通过逆向归纳法在稳态和非稳态下解决问题。由于 SDP 不需要太多的分析，它适用于最一般形式的目标函数，这是SDP的优点。虽然SDP被设计用于解决动态和随机问题，并且对非线性目标函数具有灵活性，但在问题规模较大时会遭受“维数灾难”的困扰。因此，SDP只适用于小规模问题，并且需要深入研究来解决“维数灾难”。举几个例子，Trezos和Yeh（1987）提出了一种随机微分动态规划方法，在不对状态空间离散化的情况下最大化电力生产，以避免“维数灾难”；Cervellera等（2006）提出了一种基于有效离散化状态空间和通过柔性前馈神经网络逼近连续状态空间上的值函数的方法。Tilmant等（2008）提出了一个样本超平面，建议对未来效益函数进行外部近似。本书主要运用近似动态规划理论中值函数近似（value function approximation，VFA）的方法来解决这一问题。值函数近似和动态规划中从后往前递归的求解过程不同，值函数近似是从前往后决策而得到问题的最优/次优解。值函数近似的核心是通过参数化模型逼近贝尔曼方程中的值函数$f_t(s_t)$，通常采用查表法、参数化方法或者非参数化方法（如神经网络）进行近似。

2.1.2 近似动态规划理论

动态规划在分析随机、复杂的多期优化问题（如生产调度问题、库存管理问题、供应链管理问题等）时，提供了一个非常好的理论框架。一般情况下，动态规划问题的精确求解需要利用后向迭代的方法，从后往前迭代，逐一计算出每个状态对应的值，从而得到相应的策略。这种方法面临着“维数灾难”问题，即随着问题规模的增大，状态空间、信息空间和决策空间呈指数级增长，使得问题难以在有限的计算时间内求解。因此，传统的动态规划算法难以解决实际规模的问题。

近似动态规划是近年来发展起来的建模和求解大规模随机问题的有力工具，其核心思想是利用近似方法，对动态规划中的值函数

（value function）进行近似，然后利用值迭代（value iteration）或者策略迭代（policy iteration）的方式，通过引入蒙特卡罗仿真（Monte Carlo simulation），利用统计方法对访问过的状态进行取样（statistical sampling），并不断更新各个状态对应的值函数的估计，在迭代终止时得到问题的近似解。

Powell（2009）详细阐述了近似动态规划的理论基础。Powell（2007）则详尽介绍了近似动态规划的基本原理，并对设计近似动态规划算法时需要考虑的关键算法议题进行了讨论，如值函数的近似（value function approximation）、步长原则（stepsize rule）、探索（exploration）与开发（exploitation）等。对于值函数的近似，可以通过层次聚合（hierarchical aggregation）的方式来提高值函数的更新效率，从而提高算法的收敛速度（George，Powell，and Kualkarni，2008）；也可以通过分段线性函数（piece-wise linear function）或用少量参数表示的基函数（basis function）来近似值函数（Nascimento and Powell，2010）。在更新值函数时，步长原则的选择是影响算法能否无偏且快速收敛的关键因素，很多时候决定着近似动态规划算法的成败。George和Powell（2006）与Powell（2007）研究了保证随机迭代算法能够收敛的步长原则应该具备的条件，并回顾和总结了常见的步长原则，针对近似动态规划算法迭代过程中近似值函数的值和方差不断变化的情形，提出了应对随机序列的最优步长原则，即BAKF（bias-adjusted Kalman filter）步长原则，并通过实际算例验证了BAKF步长原则的最优特性。在近似动态规划算法迭代的过程中，探索方法可以帮助算法在更大范围内探索解（或状态）空间，防止解被限定在次优区域内；开发方法则根据当前的近似值函数来求得当前的最优解，能够有效地利用当前近似值函数的信息，提高算法的收敛速度。因此，在近似动态规划的算法设计中，需要权衡探索方法和开发方法的计算需求。Powell（2007）对探索和开发之间的权衡进行了详尽的阐述。近似动态规划作为一种近似算法，其解的质量往往难以评估。Brown等（2010）通过松弛不可预知约束（nonanticipativity constraints），即假设决策者在当前决策时可以获得比真实情况更多未来的信息，求得最优解的界（最大化问题的上界或最小化问题的下界），又通过引入惩罚的方法来提高界的质量（即不过于松弛），从而能够借助最优解的界对动态规划问题算法的效果做比较准确的估计。Brown等（2010）和Lai等（2010）将该方法应用到近似动态规划算法中对解的界值进行估计，均取得了较好的结果。此外，感兴趣的读者还可以参阅Bertsekas和Tsitsiklis（1996）以及Sutton和Barto（2018），这两本著作分别从神经元动态规划（neuro-dynamic programming，NDP）的角度和增强式学习（reinforcement learning）的角度阐述了近似动态规划理论。

近似动态规划的成功应用领域包括运输、金融、医疗、车辆路径规划问题（vehicle routing problem，VRP）和供应链管理等。在物流运输领域，Godfrey和Powell（2002）采用近似动态规划分别对单期运输时间和多期运输时间的动态车队管理问题进行建模和求解。数值实验表明近似动态规划能够有效地解决大规模确定性优化问题和随机性优化问题。Powell等（2002）采用近似动态规划对一个以4天为计划期、涵盖5 000名司机和30 000项运输任务的资源分配问题进行求解。他们提出了3个独立的标杆，结果表明近似动态规划能够在较合理的计算时间内获得高质量的解。Powell等（2015）研究了高维度的动态资源分配问题。动态资源分配问题常见于物流与运输领域，例如，运输公司面临着如何有效调度人员和车辆来及时满足客户货物运输需求的问题，而且运输公司面临着各种不确定性的信息，如客户需求的不确定、车辆的失效、天气的影响等。作者开发了近似动态规划算法，并详细阐述了该算法如何能够有效地解决“维数灾难”问题，数值实验结果表明近似动态规划算法能够有效求解高维度的动态资源分配问题。Powell和Bouzaiene-Ayari（2007）采用近似动态规划的方法对美国某铁路运输公司的机车和车厢的调度问题进行建模和求解。数值实验结果表明，近似动态规划既能够像仿真模型一样向前迭代，同时，还能够在足够微观的层面上对问题进行建模并获得比较好的近优解。Simao等（2009）开发了一个模型来对世能达公路运输公司6 000多名司机的流动情况进行仿真，模型中考虑了车辆与运输任务的匹配以及司机工作时间、司机类型等因素，作者利用近似动态规划算法对该模型进行求解。模型运行的效果比较理想，与企业的实际运作结果相差无几。Wu等（2009）探讨了近似动态规划在军用飞机调度与运输中的应用。结果表明近似动态规划既具有仿真技术灵活建模的特性，又具有数学规划方法的智能性，是解决大规模随机优化问题的有效工具。在金融领域，Nascimento和Powell（2010）研究了一个共同基金的现金平衡问题，考虑如何在持股人的挤兑风险和因现金水平过高而产生的机会成本之间进行权衡。作者将该问题建模成一个动态规划，并用近似动态规划的算法进行求解。作者通过对市场上9个类别的10只共同基金的案例进行求解，结果表明近似动态规划能够在非常短的计算时间内获得高质量的解。在医疗方面，Cant（2006）将近似动态规划应用于血库管理中的库存控制问题。He等（2010）将近似动态规划应用于促超排卵疗程中药物剂量的优化问题。此外，Secomandi（2000）、Secomandi（2001）、Secomandi和Margot（2009）、Novoa和Storer（2009）等研究了近似动态规划在不同设置（如随机需求等）下的车辆路径规划问题中的应用。

2.1.3 $L^\natural$凸性的基本理论及性质

$L^\natural$凸性是离散凸优化中一个重要的概念，本书主要借助$L^\natural$凸性的工具来研究六个充满挑战的库存管理问题。本节将先介绍$L^\natural$凸性的基本概念，然后介绍库存管理领域所用到$L^\natural$凸性的一些重要性质，包括$L^\natural$凸性函数的常见形式、$L^\natural$凸性集合的特点以及进行优化运算后$L^\natural$凸性的保留（preservation）性质等等，这将为本书在后面证明多周期随机库存管理问题所满足的结构特性时提供有力的理论基础。

我们首先在这里列出本书中主要的术语和符号标记。本书中的“递减”“递增”“单调性”都是弱性意义的。比如，“递减”在本书中其实指的是“非单调增”。$\mathfrak{R}$和$\mathfrak{R}_+$分别指代整个实数空间和非负实数空间。$\mathcal{Z}$和$\mathcal{Z}_+$分别指代整个整数空间和非负整数空间。为了方便起见，我们用$\mathcal{F}$来表示通用的空间，在不同的环境中，$\mathcal{F}$既可以用来代表$\mathfrak{R}$也可以用来代表$\mathcal{Z}$。我们定义$\overline{\mathfrak{R}} = \mathfrak{R} \cup \{\infty\}$。$e$被定义为所有元素均为1的向量，它的维数由具体的上下文情境所决定，e_j代表第j个元素为1的单位向量。对于任意的x，$y \in \mathcal{F}^n$，$x \leqslant y$等价于$x_i \leqslant y_i$（对任意的$i = 1, \cdots, n$）。$x^+ = max(x, 0)$，$x \wedge y = min(x, y)$，$x \vee y = max(x, y)$，这里的min，max运算针对的是向量中的每一个元素。函数f: $\mathfrak{R}^n \to \overline{\mathfrak{R}}$的有效区域被定义为$dom(f) = \{x \in \mathfrak{R}^n | f(x) < +\infty\}$。对于任意的集合$\mathcal{V} \subseteq \mathcal{F}^n$，我们用$\delta_{\mathcal{V}}$来指代它的示性函数：当$x \in \mathcal{V}$时，$\delta_{\mathcal{V}} = 0$；否则$\delta_{\mathcal{V}} = +\infty$。我们用上标$T$来表示向量或者矩阵的转置。给定一个随机向量$\Xi = (\Xi_1, \cdots, \Xi_n)^T$，我们用$\mathcal{X} = Supp(\Xi)$来表示它的整个支持集。除此之外，我们定义$\bar{\xi}_j = \sup\{\xi_j | \xi_j \in \Xi_j\}$，$\underline{\xi}_j = inf\{\xi_j | \xi_j \in \Xi_j\}$ $(j = 1, \cdots, n)$，这样$\bar{\xi}_j$，$\underline{\xi}_j$分别代表随机变量Ξ_j所可能实现的最大，最小值。

$L^{\natural}$凸性中的L是网格（Lattice）的缩写，由于$L^{\natural}$凸性是定义在网格结构上的凸分析概念，所以本章首先介绍网格和超模（supermodularity）的一些概念。虽然这些概念可以被定义在更一般意义的偏序集上，但是在本书中，我们则关注在欧式空间$\Re^n$上的标准偏序集≤，即对于任意的x，$x' \in \Re^n$，当且仅当$x_i \leq x_i'(i = 1, \cdots, n)$时，$x \leq x'$成立。

为了展示网格和超模的定义，我们首先介绍两个定义在$\Re^n$上的运算：连接（$join$）和汇合（$meet$）。对于任意在空间$\Re^n$中的两个点$x = (x_1, x_2, \cdots, x_n)$和$x' = (x_1', x_2', \cdots, x_n')$，我们定义$join$为：

$$x \vee x' = (\max(x_1, x_1'), \max(x_2, x_2'), \cdots, \max(x_n, x_n'))$$

定义$meet$为：

$$x \wedge x' = (\min(x_1, x_1'), \min(x_2, x_2'), \cdots, \min(x_n, x_n'))$$

如果$x \leq x'$，即$x_i \leq x_i'(i = 1, \cdots, n)$时，则$x \vee x' = x'$，$x \wedge x' = x$。如果$x \leq x'$和$x \geq x'$都不成立，则我们说$x$和$x'$是“无序的”。如果对于任意的$x$，$x' \in X$，$x \vee x'$，$x \wedge x' \in X$成立，则集合$X \subseteq \Re^n$被称为一个网格。下面我们给出超模函数的定义：

定义 2.1 如果对于任意的x，$x' \in \Re^n$，

$$f(x) + f(x') \leq f(x \vee x') + f(x \wedge x') \tag{2-1}$$

成立，则函数f: $\Re^n \to \overline{\Re}$是超模函数，如果不等式（2-1）对任意的无序x，$x' \in dom(f)$严格成立，则函数f是严格超模函数。如果$-f$是（严格）超模函数，则函数f是（严格）次模（submodular）函数。

超模函数f的有效区域$dom(f)$是一个网格，如果集合X是一个网格并且对于任意的x，$x' \in X$都满足不等式（2-1），则f是集合$X \subseteq \Re^n$上的超模函数。

当且仅当f有递增差异（increasing difference）时，f是在$\Re^n$上的超模函数。具体来说，对任意的$x \in \Re^n$，$i = 1, \cdots, n$以及一个标量

$t>0$，当 $j\neq i$ 时，$f(x+te_i)-f(x)$ 是关于 x_j 递增的。如果函数 f：$\Re^n\rightarrow\Re$ 是可微分的，当且仅当对于任意不同的 i，j 以及任意的 $x\in\Re^n$，偏导数 $\frac{\partial f(x)}{\partial x_i}$ 是关于 x_j 递增的，则 f 是超模函数。更进一步，如果 f 是二阶可微的，那么当且仅当 $\frac{\partial^2 f(x)}{\partial x_i\partial x_j}\geqslant 0$ 对于任意不同的 i，j 以及任意的 $x\in\Re^n$ 均成立时，函数 f 是超模函数。

Murota（1998）首先对于定义在整数空间上的函数上提出了 $L^\natural$ 凸性。具体来说，对于任意的 x，$y\in\mathcal{Z}^n$，如果函数 f 满足：

$$f(x)+f(y)\geqslant f\left(\left\lceil\frac{x+y}{2}\right\rceil\right)+f\left(\left\lfloor\frac{x+y}{2}\right\rfloor\right)$$

则函数 f：$\mathcal{Z}^n\rightarrow\overline{\Re}$ 是（离散）$L^\natural$ 凸性函数。其中 $\lceil z\rceil$ 是不小于 z 的最小整数向量，$\lfloor z\rfloor$ 是不大于 z 的最大整数向量。上面的定义是定义在连续空间里中点凸性（midpoint convexity）的一个拓展。有趣的是，如果函数 f 的有效区域是 $\{0,1\}^n$，那么我们很容易发现 f 是空间 $\{0,1\}^n$ 上的超模函数，这说明了 $L^\natural$ 凸性函数和超模函数之间的存在着紧密的关联。事实上，为了更好地实际应用，我们在下面给出 $L^\natural$ 凸性的一个等价但更加方便的一个定义。

定义 2.2 如果对于任意的 x，$x'\in\mathcal{F}^n$，$\alpha\in\mathcal{F}_+$，

$$f(x)+f(x')\geqslant f((x+\alpha e)\vee x')+f(x\wedge(x'-\alpha e))\tag{2-2}$$

成立，其中 e 是 n 维所有元素均为 1 的向量，则函数 f：$\mathcal{F}^n\rightarrow\overline{\Re}$ 是 $L^\natural$ 凸性函数。如果 $-f$ 是 $L^\natural$ 凸性函数，则函数 f 是 $L^\natural$ 凹性函数。

如果一个集合 $\mathcal{V}$ 的示性函数 $\delta_\mathcal{V}$：$\mathcal{F}^n\rightarrow\overline{\Re}$ 是 $L^\natural$ 凸性函数，则集合 $\mathcal{V}$ 是 $L^\natural$ 凸性集。其中，当 $x\in\mathcal{V}$ 时，$\delta_\mathcal{V}(x)=0$；否则 $\delta_\mathcal{V}(x)=+\infty$。

下面我们给出 $L^\natural$ 凸性的另一个等价的定义：

定义 2.3 函数 f：$\mathcal{F}^n\rightarrow\overline{\Re}$ 是 $L^\natural$ 凸性当且仅当 $g(x,\xi):=f(x-$

$\xi e)$在$(x, \xi) \in \mathcal{F}^n \times \mathcal{S}$是次模（submodular）函数，其中$\mathcal{S}$是$\mathcal{F}$和任何在$\mathfrak{R}$上的无界区间的交集。

我们可以很容易发现如果f: $\mathfrak{R}^n \to \overline{\mathfrak{R}}$是$L^\natural$凸性函数并且是连续的，则$f$一定是凸性以及次模函数。

接下来我们介绍一些$L^\natural$凸性函数的基本性质，这些性质将为本书在后面研究库存管理问题时提供有力的理论基础。首先我们给出一些常用的$L^\natural$凸性函数和$L^\natural$凸性集合的例子。

引理2.1 （a）给定任意的单变量凸函数（如果$\mathcal{F} = \mathcal{Z}$，则为离散凸函数）$g_i = \mathcal{F} \to \overline{\mathfrak{R}}$ $(i = 1, \cdots, n)$以及h_{ij}: $\mathfrak{R} \to \overline{\mathfrak{R}}$，则具有下面形式的函数$f$: $\mathcal{F}^n \to \overline{\mathfrak{R}}$是$L^\natural$凸性函数。

$$f(x) = \sum_{i=1}^{n} g_i(x_i) + \sum_{i \neq j} h_{ij}(x_i - x_j)$$

作为上面情况的一个特殊例子，任何线性函数都是$L^\natural$凸性函数。

（b）式为$f(x) = \sum_{i, j=1}^{n} a_{ij} x_i x_j$（其中，$a_{ij} = a_{ji} \in \mathfrak{R}$）的二次函数$f$: $\mathfrak{R}^n \to \mathfrak{R}$是$L^\natural$凸性函数，当且仅当第$i$行$j$列元素为$a_{ij}$的矩阵$A$是对角占优（diagonally dominated）的M矩阵，即：

$$a_{ij} \leqslant 0 (\forall i \neq j),\ a_{ii} \geqslant 0,\ \sum_{j=1}^{n} a_{ij} \geqslant 0 (\forall i)$$

（c）一个二次可微的平滑函数f: $\mathfrak{R}^n \to \mathfrak{R}$是$L^\natural$凸性函数当且仅当它的Hessian矩阵是对角占优的M矩阵。

（d）给定任意向量$a \in \mathfrak{R}^n$以及单变量增函数f: $\mathfrak{R} \to \mathfrak{R}$，定义为形式为$g(x) = f(\max_{i=1:n} \{a_i + x_i\})$的函数$g$: $\mathfrak{R}^n \to \mathfrak{R}$是$L^\natural$凸性函数。

（e）一个集合$\{x \in \mathcal{F}^n: l \leqslant x \leqslant u, x_i - x_j \leqslant v_{ij}, \forall i \neq j\}$在空间$\mathcal{F}^n$是$L^\natural$凸性的，其中$l$, $u \in \mathcal{F}^n$, $v_{ij} \in \mathcal{F} (i \neq j)$。事实上，任何在空间$\mathcal{F}^n$上封闭的$L^\natural$凸性集合都有这样的形式。

下面我们介绍本书中用到的一些关于$L^\natural$凸性函数的一些保留（preservation）特性以及灵敏度分析：

引理2.2 （a）如果函数f_i: $\mathcal{F}^n \to \overline{\Re}$，$i = 1, \cdots, n$都是$L^\natural$凸性的，那么对于任何的常数$\alpha_i \geq 0$，$\sum_{i=1}^{n} \alpha_i f_i$也是$L^\natural$凸性的。

（b）如果f_k，$k = 1, \cdots, n$是$L^\natural$凸性函数，并且对于任意的$x \in \mathcal{F}^n$，$\lim_{k \to \infty} f_k(x) = f(x)$均成立，那么$f(x)$是$L^\natural$凸性函数。

（c）$f(\cdot, \cdot)$是一个定义在积空间$\mathcal{F}^n \times \mathcal{F}^m$的函数。如果对于任意给定的$y \in \mathcal{F}^m$，$f(\cdot, y)$是$L^\natural$凸性的，那么对于一个在空间$\mathcal{F}^m$的随机变量$\xi$，$E_\xi[f(x, \xi)]$是$L^\natural$凸性函数。

（d）如果f: $\mathcal{F}^n \to \overline{\Re}$是$L^\natural$凸性函数，那么定义为$g(x, \xi) = f(x - \xi e)$的函数$g$: $\mathcal{F}^n \times \mathcal{F} \to \overline{\Re}$也是$L^\natural$凸性函数。

（e）假定集合$\mathcal{A}$是在空间$\mathcal{F}^n \times \mathcal{F}^m$一个$L^\natural$凸性集并且$f(\cdot, \cdot)$: $\mathcal{F}^n \times \mathcal{F}^m \to \overline{\Re}$是一个$L^\natural$凸性函数。那么函数

$$g(x) = \inf_{y:(x, y) \in \mathcal{A}} f(x, y) \tag{2-3}$$

是在集合$\mathcal{F}^n$上的$L^\natural$函数（如果对于任何$x \in \mathcal{F}^n$，$g(x) \neq -\infty$）。

（f）对于任何$x \in dom(g)$，定义$y^*(x)$是上面优化问题的最大最优解，那么$y^*(x)$在$x \in dom(g)$上单调递增但具有有限的灵敏性（limited sensitivity），也就是说我们有$y^*(x) \leq y^*(x + \omega e) \leq y^*(x) + \omega e$，其中$\omega > 0$，$\omega \in F$并且$x + \omega e \in dom(g)$。

最后我们引入另外两个重要的引理，它们分别来自Chen等（2013）和Chen等（2018）。第一个性质引用自Chen等（2013）中的推论4，它显示了当约束集合不是网格结构时，优化问题中的凹性（concavity）仍然可以保留。

引理2.3 考虑下面一个二维向量x的带参数的优化问题：

$$f(x)=\max_{y_1,\cdots,y_N}\{\sum_{n=1}^{N}f_n(y_n):\sum_{n=1}^{N}y_n=x,\ y_n\in S_n,\ \forall n\}$$

其中，S_n是$\mathfrak{R}^2$的子集，函数f定义在$S=\{\sum_{n=1}^{N}y_n:\ y_n\in S_n,\ \forall n\}$上，如果$S_n$有下面的形式：

$$\{(x_1,\ x_2)\in\mathfrak{R}^2:\ l_1\leqslant x_1\leqslant u_1,\ l_2\leqslant x_2\leqslant u_2,\ l_0\leqslant x_1-x_2\leqslant u_0\}$$

并且假定所有f_n是在集合S_n上的$L^\natural$凹性函数，那么函数f是在集合S上的$L^\natural$凹性函数。

下面的引理是Chen等（2018）中定理3（c）部分的变形，它证明了当目标函数不是关于原始决策变量的$L^\natural$凸性函数时，我们仍然可以保证优化操作后函数的$L^\natural$凸性。

引理2.4 给定函数$f(\cdot,\ \cdot):\ \mathcal{F}^n\times\mathcal{F}^m\rightarrow\overline{\mathfrak{R}}$以及集合$\mathcal{A}\subseteq\mathcal{F}^n\times\mathcal{F}^m$，对于任意的$x\in\mathcal{F}^n$，定义

$$g(x)=\inf_{(x,\ y)\in\mathcal{A}}E[f(x,\ y_1\wedge\xi_1,\ \cdots,\ y_k\wedge\xi_k,\ y_{k+1}\vee\xi_{k+1},\ \cdots,\ y_m\vee\xi_m)]\tag{2-4}$$

定义2.4 $\mathcal{A}^\xi=\{(x,\ y_1\wedge\xi_1,\ \cdots,\ y_k\wedge\xi_k,\ y_{k+1}\vee\xi_{k+1},\ \cdots,\ y_m\vee\xi_m):(x,\ y)\in\mathcal{A},\ \xi\in Supp(\xi)\}$，其中$Supp(\xi)\subseteq\mathcal{F}^m$代表随机变量$\xi$的支撑集合。假定$(x,\ y)\in\mathcal{A}$当且仅当$(x,\ y_1\wedge\xi_1,\ \cdots,\ y_k\wedge\xi_k,\ y_{k+1}\vee\xi_{k+1},\ \cdots,\ y_m\vee\xi_m)\in\mathcal{A}^\xi$几乎处处成立（almost surely），并且假定随机变量$\xi_i(i=1,\ \cdots 2,\ m)$之间是相互独立的。那么如果函数$f$和集合$\mathcal{A}^\xi$是$L^\natural$凸性的，则函数$g$也是$L^\natural$凸性的。除此之外，对于任何非负的$\omega\in F$以及$x+\omega e\in dom(g)$，问题（2-4）中的最优解$y^*(x)$在$x\in dom(g)$是单调递增的但存在有限的灵敏性，也就是说$y^*(x)\leqslant y^*(x+\omega e)\leqslant y^*(x)+\omega e$。

2.2 文献综述

本书以六个库存管理问题为研究对象，主要涉及以下几个研究要素：需求丢失情形下的库存管理问题，易变质品库存管理问题，双源采购问题，供应链金融背景下的库存管理问题，$L^{\natural}$凸性在库存管理中的应用，近似动态规划在库存管理的应用。下文将根据文献中的已有研究对这些研究要素分别做详细的介绍。

2.2.1 需求丢失情形下的库存管理问题

具有正交付期的需求丢失模型下的库存管理问题首次由Karlin和Scarf（1958）提出，并由Morton（1969）开展了进一步研究。基于库存基准的策略在这类系统中被发现并不是最优的，而最优订货量在所有在途库存中都呈现下降的趋势，且从最旧订单到最新订单的敏感性呈现增加但有限的特征。Morton（1969）还推导出最优策略的界限，并建议将这些界限用作一种简单启发式方法（称为标准向量基准策略），并进一步提出了各种其他的启发式方法。Morton（1971）研究了一种基于修改的成本计算方案的单期短视策略，并由Nahmias（1976）扩展到更一般的情境。Levi等（2008）提出了一种双重平衡策略，保证成本不会超过最优成本的两倍，同时作者在交货时间和惩罚成本两个方面进行了渐近分析。Huh等（2009）发现，随着惩罚成本的增加，订至点水平策略是渐进最优的。Goldberg等（2016）证明了对于较大的交货时间，Reiman（2004）提出的常数订货策略在渐近意义下是最优的。Zipkin（2008）评估了各种启发式方法的性能，并将它们与最优策略进行了比较，而且针对长达四个时间段的交货时间，他发现基于基准库存策略表现不佳。Morton（1971）所提出的短视策略中的两期视野算法，即Myopic2，在所有研究的启发式方法中通常表现最好。在最近的发展中，Brown和Smith（2014）提出了一种具有线性终端成本的修改短视策略，并证明在选择合适的终端成本时，该启发式方法可以胜过Myopic2。本书通过提出一类保持优化算法结构特征的性能良好的算法，为需求丢失模型的启发式算法做出了贡献。

2.2.2 易变质品库存管理问题

大多数关于易变质品库存控制的文献聚焦于零交货时间的系统。最早的研究可以追溯到Nahmias和Pierskalla（1973），他们研究了具有两个生命周期的单一产品的系统。Nahmias（1982）对早期文献进行了回顾。Nahmias（2011）和Karaesmen等（2011）对最近的研究进行了总结。Li等（2018）研究了需求与存货水平及价格相关的随机库存水平下的易变质物品的动态定价和周期订货问题。他们结合了动态定价问题，开发了一种最大化利润的随机动态优化模型。陈杰和陈志样（2016）研究了具有多元马氏需求特征的多产品最优（Q，T，t）策略，该策略不但考虑了需求在不同产品间具有马氏转移特征，也考虑了变质因素。Chen等（2018）考虑了在一个有限计划期内，需求是关于存货水平、时间以及价格的确定型函数的易变质品库存决策问题。冯颖和张炎治（2012）研究了离散需求下，提前期为常数的易变质品（r，Q）库存策略。Braglia等（2019）研究了一个单一产品、单一货栈的库存系统，他们假定需求是不确定的，且允许短缺的发生，以单位时间总成本最小为目标，然后求得最优订货量和再订货点。Li和Teiig（2018）建立了一个经营易变质品的零售商的联合定价和订货模型，模型中假定需求是销售价格和参考价格及与保质期有关的新鲜度和库存水平的函数。

2.2.3 双源采购问题

本书第5章至第7章考虑了任意供应提前期差异下多周期的双源采购问题。供应提前期是指企业从供应商处开始采购直到产品送至企业里所需要的时间，一般来说供应提前期的长短取决于供应商与企业距离的远近或者运输工具的差异等。虽然双源采购问题非常值得研究并且与现实生活息息相关，但优化任意供应提前期背景下的多周期双源采购系统一直是一个非常具有挑战性的问题。Barankin（1961）和Daniel（1962）证明了当紧急供应商和常规供应商的供货提前期分别是0，1时，双源采购问题的最优订货策略是基本库存（base-stock）策略。Fukuda（1964）推广了这一结论，证明了基本库存策略在两个供应商的供货提前期差异为1的情形下均为最优策略。Whittemore和Saunders（1977）考虑了任意供应提前期的双源采购问题，他们发现当两个供应商的供货提前期差异大于1时基本库存策略不是最优策略，相应的最优订货量依赖于各个状态变量且需要用多维的动态规划来求解，但是他们并没有给出优化策略的结构性质。Sheopuri等（2010）进一步证明了双源采购问题其实是经典的正数供应提前期下缺货丢失库存问题的一个拓展。近年来，Hua等（2015）用$L^{\natural}$凸性的工具刻画了任意供货提前期背景下双源采购问题中优化策略的结构特性。Hua等（2015）首次针对任意供货提前期背景下双源采购问题中的优化策略进行了结构性的描述。

由于任意供货提前期背景下双源采购问题的最优库存控制策略过于复杂，到目前为止，其详细的最优库存控制策略仍然未知，因此近年来很多研究开始关注简单的启发式库存策略。Scheller-Wolf等（2007）提出了一类single-index策略，其中紧急订单和常规订单都根据一个总的库存位置（inventory position）指标遵循基本库存补货策略。Veeraraghavan 和 Scheller-Wolf（2008）改进了 single-index 策略，提出了一类 dual-index 策略，其中针对紧急订单和常规订单分别有一个基本库存水平来进行订货，他们所设计的数值实验表明 dual-index 策略在大部分情况下表现良好并且性能明显超过单一源头采购。Sheopuri 等（2010）将 dual-index 策略拓展到两类新的启发式策略：一类启发式策略中紧急订单采用基本库存策略；另一类启发式策略中常规订单采用基本库存策略。他们的数值实验表明这两类策略好于 dual-index 策略并且其中的最好向量基本库存（best vector base stock，BVBS）策略在数值实验中表现最好。BVBS 策略中，紧急订单采用基本库存策略，常规订单采用向量基本库存（vector base stock）策略。Hua 等（2015）拓展了 BVBS 策略并提出了一种新的最好加权界（best weighted base stock，BWB）策略，他们的数值实验表明 BWB 策略比 BVBS 策略可以进一步节约 1.02% 的成本。在实际的双源采购实践中，定制基浪（tailored base-surge，TBS）策略则非常普遍，TBS 策略中，常规订单每次都订购同样数量的产品，而紧急订单采用基本库存策略。Allon 和 Van Mieghem 首先在连续检查的双源采购系统中提出了 TBS 策略。Janakiraman 等（2015）考虑了周期检查的双源采购问题并研究了 TBS 策略的性能。Klosterhalfen 等（2011）通过详细的数值实验比较了 TBS 策略和 dual-index 策略在双源采购系统中的性能优劣。近年来，Xin 和 Goldberg（2018）通过数学推导严格证明了当紧急订单的供应提前期固定，TBS 策略会随着常规订单供应提前期的逐渐增大而渐进优化（asymptotically optimal）。基于 Hua 等（2015）的数值实验和我们自己的观测，总体来说，BWB 策略在各种双源采购问题的启发式策略中有最好的性能表现。

2.2.4 供应链金融背景下的库存管理问题

在供应链金融背景下，供应商利用贸易信用进行销售是一种非常普遍的做法，这种做法占到全球近2/3的贸易（Breza and Liberman，2017）。贸易信用允许下游买家在某些预先规定的信贷条件下延迟支付商品和服务。这类贸易信用条款通常包括信用期限和信用额度。在允许付款延迟的定期审查库存模型中，Maddah等（2004）提出了一种近似计算成本函数的方法来计算（s，S）库存策略时的具体参数。Robb和Silver（2006）考虑了一个具有日期-期限贸易信贷的库存模型，其中需求和供应都是随机的。他们将四种启发式方法与最佳（R，S）策略进行了对比和评估。Bendavid等（2017）建立了一个动态库存模型，该公司向客户提供贸易信用，同时从供应商那里获得贸易信用（称为两级贸易信用），其中补货决策受资金约束的限制，作者通过仿真获得基准库存策略的最佳参数。然而，这三篇论文都没有说明他们研究中提出的库存策略是最优的。在允许将付款推迟到产品销售时的贸易信贷条件下，Gupta和Wang（2009）证明了基准库存策略是最优的。Luo和Shang（2019）研究了一个具有两个层次的贸易信用的随机库存模型。他们的模型类似于Bendavid等（2017），不同之处在于此模型移除了资金的硬性约束，并将付款违约的惩罚成本纳入模型中，得到了收款周期大于或等于付款周期时最优的结构性短视策略。Seifert等（2013）对与贸易信贷相关的大量库存管理文献进行了广泛回顾。虽然已有文献研究了许多形式的贸易信用合同，但对同时存在信用额度和信用期限的情况却鲜有关注。此外，关于带有贸易信用的多期随机库存模型的文献相当有限。尽管一些现有研究考虑了多期随机环境下的信用期限（付款延迟）（Bendavid et al.，2017；Gupta and Wang，2009；Luo and Shang，2019；Maddah et al.，2004），但他们都没有考虑信用额度。在它们的模型中，状态空间的维度甚至可以减少到一或两个。本书的第8章首次将信用期限和信用额度都纳入动态库存模型中。我们可以证明信用额度对最优订货策略有显著影响。由于存在信用额度，我们模型中的状态空间维度不少于信用期限的长度。

另一个相关研究领域涉及多期随机库存模型中的财务考虑因素。Hu和Sobel（2007）提供了一个反例，证明了在存在财务约束和两个或更多的梯队时，不存在最优的梯队库存基准策略。Chao等（2008）研究了一个自融资公司的最优库存控制策略，他们证明了在随机需求是平稳的并且所有参数在所有周期中都相同的情况下，修订后的基准库存策略是最优的。Gong和Chao（2014）通过允许短期融资扩展了这项工作。Katehakis等（2016）研究了一个类似的非平稳需求模型。Li等（2010）提出了一个动态模型来协调库存和财务决策，其目标是最大化红利的现值减去资本认购费用。在他们的模型中，违约风险（破产成本）在融资策略中起着重要作用。通过区分长期债务和短期债务，Hu（2017）研究了债务到期结构如何影响财务和运营决策。Besbes等（2018）分析了通过债务融资并假定为有限责任企业的动态定价策略。在这个研究领域中还可以找到其他相关文献，如Zhang和Sobel（2010）、Babich（2010）、Luo和Shang（2015）、Van Der Vliet等（2015）、Ning和Sobel（2018）。然而，这个研究领域通常关注的是营运资金需求和融资来源的问题，而不是付款延迟和信用限额。

2.2.5 $L^{\natural}$凸性的简要介绍及在库存管理领域的应用

$L^{\natural}$凸性是离散优化中一个重要的概念，它首先被Murota（1998）在尝试把凸分析从连续空间拓展到带有网格结构的离散空间时所引入（这里L代表Lattice网格）。一个定义在整数空间上的$L^{\natural}$凸性函数有下面几个重要的性质：它可以被拓展到在连续空间上的凸函数；局部最优化可以保证全局最优化；具有类似于连续空间凸规划中简洁的对偶性质。虽然$L^\natural$凸性起初被定义在整数空间里，但是它的定义可以很自然地被拓展到连续空间中，并且具有连续空间凸函数的某些组合结构性质。有效的算法已经被开发出来，以解决$L^\natural$凸性函数的最小化问题。Murota（2003）对$L^\natural$凸性的相关概念以及结构性质做了详细的介绍。

引入$L^\natural$凸性和其他一些相关离散凸性概念的主要目的是，为部分可以处理的组合优化问题提供一个理论分析框架。有趣的是很多研究发现$L^\natural$凸性可以使我们在对许多库存模型做灵敏度分析时更加便捷。Zipkin（2008）首先用$L^\natural$凸性工具推导出正数供货提前期的需求丢失库存模型中最优解具有的结构性质，它对原有Karlin和Scarf（1958）、Morton（1969）所得到的经典结果做出了新的阐述。从Zipkin（2008）的研究开始，许多不同的研究都发现$L^\natural$凸性在解决各种各样的库存管理模型中都能够发挥强有力的作用：Huh和Janakiraman（2010）研究了串行库存系统；Pang等（2012）研究了正数订货提前期背景下的库存与定价的联合控制问题；Gong和Chao（2013）研究了再制造背景下并带有产能限制时的库存系统；Chen等（2014）关注了各种不同情形下的易变质品库存控制模型；Li和Yu（2014）进一步说明了$L^\natural$凸性函数可以和多模函数（multimodular）之间相互转化并且二者均可以用来分析三类不同的经典库存控制问题；Chen等（2015）则用$L^\natural$凸性重新考虑了带有随机产能风险的库存控制和转运措施的联合控制问题，大大简化了之前的数学推导过程；Chen等（2018）则进一步表明$L^\natural$凸性能够帮助处理带有随机产能风险的双源采购问题，带有随机产能风险的按订单装配产品（assembly-to-order，ATO）问题以及带有订购限制的收益管理问题；Chen和Dong（2018）

用$L^{\natural}$凸性来处理供应商产能不确定以及响应性定价情形下两个相互关联产品的动态库存控制问题；陈文博和董明（2018）则用$L^{\natural}$凸性来处理供应商产能不确定时一类典型的ATO系统的零部件动态补货问题。

2.2.6 近似动态规划在库存管理中的应用

近似动态规划（appropriate dynamic programming，ADP）是近些年在运筹学、人工智能（artificial intelligence，AI）以及控制论（control theory）等领域发展起来的一个解决大规模随机优化问题的有效工具。在本书中，我们首先用随机动态规划对库存管理问题进行建模，然后设计和开发相应的近似动态规划算法进行求解，并通过系统的数值实验分析来验证我们所设计算法的有效性。

Bertsekas和Tsitsiklis（1996）、Powell（2007）在他们的书里对ADP做了详细的介绍。ADP里面用到的一种典型的处理方法是用事先定义的"基函数"（basis functions）来近似或者逼近动态规划模型中的值函数（value-to-go function），这样无限周期（infinite horizon）的动态规划问题就被转化为一个线性规划问题。De Farias和Van Roy,（2003）、De Farias和Van Roy（2004）、Faria和Van Roy（2006）深入讨论了这种从线性规划的角度来解决ADP的处理方法，并发现这种方法在一些实际问题中具有良好的性能。然而，选取好的"基函数"常常是非常困难的且依赖于具体的研究问题。ADP的方法已经被广泛应用在收益管理领域，其中大部分研究都选取线性函数或者分片线性（piece wise linear）函数作为ADP问题的基函数（Adelman，2007；Tong and Topaloglu，2014；Bertsekas and Tsitsiklis，1996；Powell，2007；Farias and Van Roy，2007；Meissner and Strauss，2012）。然而在库存管理中从线性规划的角度来解决ADP的处理方法不是很多：

Topaloglu 和 Kunnumkal（2006）用线性函数作为“基函数”来处理外生不确定补货量的库存控制问题；Fang 等（2013）则用统计近似的方法通过不断更新动态规划中的值函数来讨论不同采购策略的优劣。在本书第3章至第6章及第8章中，我们以二次函数作为“基函数”，给出近似动态规划算法来解决高维库存管理问题。在本书第7章中，我们基于线性决策规则开发了一种新的近似动态规划算法。

2.3　本章小结

本书主要关注较为复杂的高维多周期随机库存管理问题。自20世纪50年代初期以来，很多研究学者针对现实库存管理问题的特征通过数学建模给出最优的库存控制策略性质或者有效的算法。本书从实际问题的角度分别对需求丢失情形下的库存管理问题、易变质品的库存管理问题、各种不同条件下的双源采购问题、供应链金融背景下的库存管理问题进行建模，并用$L^\natural$凸性的工具分析最优解的结构性质。我们进一步应用近似动态规划的理论框架，针对上述问题给出了相应的启发式算法。本书的研究属于交叉学科的研究，主要是运用$L^\natural$凸性以及近似动态规划的理论框架解决现实库存管理中出现的一些新问题。所以，在本章中我们首先介绍了随机动态规划、近似动态规划以及$L^\natural$凸性的性质这些基本理论框架，然后在文献综述部分涵盖了需求丢失情形下的库存管理问题、易变质品库存管理问题、双源采购问题、供应链金融背景下的库存管理问题，然后重点归纳了已有文献中$L^\natural$凸性以及近似动态规划在库存管理中的应用。$L^\natural$凸性可以帮助我们极大地简化很多复杂库存管理模型中烦琐的灵敏度分析，并且$L^\natural$凸性的结论可以直接拓展到整数空间里，从而克服了传统的灵敏度分析必须在实数空间中求导数的困难。在本书研究的六个问题当中，我们先尝试用随机动态规划的模型来刻画我们的库存问题，然后用数学归纳法的方法推导出值函数（value-to-go function）满足$L^{\natural}$凸性，这样便可以得到最优解的结构性质。基于这些性质，我们再针对不同的问题做进一步的分析。此外，随机动态规划模型存在“维数灾难”的问题，这给实际求解带来不便，因此本书采用了近似动态规划的方法以助于启发式方法的设计。

第3章

近似动态规划在需求丢失情形下库存管理问题中的应用

3.1 问题描述与模型构建

本章我们考虑需求丢失情形下多周期的动态库存管理问题，其中模型的建立和符号如下所示：

L：订单交付周期（供货提前期）

d_t：t周期的需求量

z_t：t时刻的订购量

$\boldsymbol{x}_t = \left(x_{0,t}, x_{1,t}, \cdots, x_{L-1,t}\right)$，其中$x_{0,t}$代表$t$时刻的库存量

$x_{1,t} = z_{t+1-L}, \cdots, x_{L-1,t} = z_{t-1}$

$\rho_t = x_{0,t} - d_t$

系统的状态是由L维向量$\boldsymbol{x}_t$表示，其中包括了库存水平以及过去$L-1$期的订购量。系统状态的转移如下所示：

$$\boldsymbol{x}_{t+1} = \left(\left[x_{0,t} - d_t\right]^+ + x_{1,t}, x_{2,t}\cdots, x_{L-1,t}, z_t\right)$$

去掉时间下标后通用的状态变量表达式如下：

$$\boldsymbol{x}_+ = \left(\left[x_0 - d\right]^+ + x_1, x_2, \cdots, x_{L-1}, z\right)$$

如果时间下标不是必需的，我们将使用上面这种通用的变量表达式。我们将这些状态向量看作矩阵中的列向量。接下来，我们介绍两种不同的状态转换形式。首先，我们可以将状态转换成一个向量$\boldsymbol{s} = \left(s_0, \cdots, s_{L-1}\right)$，其中$s_l = \sum_{\tau=1}^{L-1} x_\tau$，$0 \leqslant l < L$，代表渠道库存（pipeline inventory）的部分加总。新的状态转移表达式如下所示：

$$\boldsymbol{s}_+ = \left(\left[s_0 - s_1 - d\right]^+ + s_1, s_2, \cdots, s_{L-1}, 0\right) + z\boldsymbol{e}_L$$

其中，$\boldsymbol{e}_L$是L维向量（向量中分量数值全部为1）。或者，我们可以将状态表示为向量$\boldsymbol{v} = \left(v_0, \cdots, v_{L-1}\right)$，其中$v_l = \sum_{\tau=0}^{l} x_\tau$，$0 \leqslant l < L$。

令 $y = v_{L-1} + z$ 来表示订至点水平（order-up-to quantity），那么 v 的状态转移表达式如下所示：

$$\boldsymbol{v}_+ = \left(v_1, \cdots, v_{L-1}, y\right) - \left(v_0 \wedge d\right)\boldsymbol{e}_L$$

虽然 $\boldsymbol{s}$ 和 $\boldsymbol{v}$ 两种状态向量都提供了一些关键的结构特征，但是我们主要使用的是 $\boldsymbol{v}$ 状态向量，在不同的点上也会提及 $\boldsymbol{x}$ 和 $\boldsymbol{s}$。我们额外引入以下数学符号：

c：单位采购成本

$h^{(+)}$：单位持有存货成本

$h^{(-)}$：需求丢失的单位惩罚成本

γ：贴现因子

我们假设采购成本只有在订单交付时才支付。在需求丢失库存管理问题的动态规划模型中，通常会使用到两种不同的计算方法。

一种是相对简单的方法（我们称为 q 方法），将采购成本 $\gamma^L cz$ 和预期持有惩罚成本 $\mathbb{E}\left[h^{(+)}\rho^{(+)} + h^{(-)}\rho^{(-)}\right]$（用 $q^0\left(v_0\right)$ 表示）视为单周期成本，其中 $\rho = v_0 - d$。令 $f\left(\boldsymbol{v}\right)$ 是该方法下的最优值函数，它满足下列贝尔曼方程：

$$f\left(\boldsymbol{v}\right) = \min_{z \geqslant 0}\left\{\gamma^L cz + q^0\left(v_0\right) + \gamma\mathbb{E}\left[f\left(\boldsymbol{v}_+\right)\right]\right\}$$

令 $\boldsymbol{s}$ 状态下的最优代价函数为：

$$\bar{f}\left(\boldsymbol{s}\right) = f\left(s_0 - s_1, s_0 - s_2, \cdots, s_0 - s_{L-1}, s_0\right)$$

另外一种称为 $\hat{q}$ 方法，因为预期持有惩罚成本受到 t 周期和之前订购决策的影响，所以我们将 $t + L$ 周期的预期持有惩罚成本分配到 t 周期。同时，根据周期 $t + L$ 和周期 $t + L + 1$ 的期初库存水平预期采购成本之间的差异，我们对采购成本进行了调整。也就是说，我们令

$$\hat{h}^{(+)} = h^{(+)} - \gamma c$$

$$\hat{q}^0\left(v_0\right) = cv_0 + E\left[\hat{h}^{(+)}\rho^+ + h^{(-)}\rho^-\right]$$

$$\hat{q}(\boldsymbol{v}, z) = \gamma^{L}\mathbb{E}\left[\hat{q}^{0}\left(v_{0, +L}\right)\right]$$

$\hat{q}(\boldsymbol{v}, z)$表示单周期的成本。该方法的最优值函数用$\hat{f}(\boldsymbol{v})$表示，它满足下列方程：

$$\hat{f}(\boldsymbol{v}) = \min_{z \geqslant 0}\left\{\hat{q}(\boldsymbol{v}, z) + \gamma\mathbb{E}\left[\hat{f}(\boldsymbol{v}_{+})\right]\right\}$$

Zipkin（2008）证明，在q方法下，基于状态向量$\boldsymbol{s}$得到的需求丢失库存模型的值函数$f(\boldsymbol{s})$是$L^{\natural}$凸函数。关于变量$\boldsymbol{v}$的值函数$f(\boldsymbol{v})$也是$L^{\natural}$凸函数。

定理3.1 （$\boldsymbol{v}$状态下的需求丢失模型满足$L^{\natural}$凸性）：需求丢失系统的值函数$f(\boldsymbol{v})$是$L^{\natural}$凸函数。

我们的近似过程可以基于$\boldsymbol{s}$状态，也可以基于$\boldsymbol{v}$状态。为了与之后的研究保持一致，我们聚焦于$\boldsymbol{v}$状态。在此之前，我们首先要介绍一些现存的针对解决需求丢失问题的启发式算法。

3.2 基准启发式算法

我们介绍一些在Zipkin（2008）研究中涉及的启发式算法，即standard vector based stock（SVBS）算法，Myopic和Myopic2算法，以及Brown-Smith修正近似算法（B-S Myopic），其中一些算法将用作基准与我们提出的算法进行比较，一些算法将应用到我们的近似方法中。

SVBS是最容易实现的启发式算法，根据Morton（1969）的研究，该算法可以得出最优订购数量的上限。令$\bar{\boldsymbol{s}} = (\boldsymbol{s}, 0) = (s_0, s_1, \cdots, s_{L-1}, 0)$，$\vartheta = \dfrac{c + \bar{h}^{(+)}}{\bar{h}^{(+)} + \bar{h}^{(-)}}$，$d_{[l, L]} = \sum_{k=l}^{L} d_{+k}$（$l = 0, \cdots, L$）。现在令$\bar{s}_l^{SVBS} = \min\left\{s: P\left[d_{[l, L]} > s\right] \leqslant \vartheta\right\}$，$l = 0, \cdots, L$。在状态$\boldsymbol{s}$下，订购数量

$$z(s)=\left[\min\left\{\bar{s}_l^{-SVBS}-\bar{s}_l,\ l=0,\ \cdots,\ L\right\}\right]^+$$

Myopic 和 Myopic2 两种近似算法对应于前文引入的 $\hat{q}$ 方法。Myopic 算法是通过选择订购数量 z 来最小化转化问题 $\hat{q}(\boldsymbol{v},\ z)$ 的单周期成本。Myopic2 算法被定义为：

$$z(\boldsymbol{v})=arg\min_{z\geqslant 0}\left\{\hat{q}(\boldsymbol{v},\ z)+\gamma E\left[\hat{q}^*(\boldsymbol{v}_+)\right]\right\},$$

其中，$\hat{q}^*(\boldsymbol{v})=min_{z\geqslant 0}\left\{\hat{q}(\boldsymbol{v},\ z)\right\}$ 表示 Myopic 算法下的最小化单周期成本。Myopic 和 Myopic2 两种算法都是非常直观的，它们是 Zipkin（2008）研究中性能最好的两种方法。虽然 Myopic2 算法总是优于 Myopic 算法，但是 Myopic2 算法的计算更烦琐，并且当状态集变大时可能会变得不切实际。

Brown 和 Smith（2014）引入了 Myopic 算法的修正版本。原始的 Myopic 算法的目标函数是：

$$\begin{aligned}\hat{q}(\mathbf{v},\ z)&=\mathbb{E}\left[cv_{0,\ +L}+\hat{h}^{(+)}\rho_{+L}^{+}+h^{(-)}\rho_{+L}^{-}\right]\\&=\mathbb{E}\left[cv_{0,\ +L}+h^{(+)}\rho_{+L}^{+}+h^{(-)}\rho_{+L}^{-}+\gamma\left(-c\rho_{+L}^{+}\right)\right]\end{aligned}$$

为了获得更好的性能，Brown 和 Smith（2014）针对替代项提出了一种线性搜索方法，以取代残值 $c\rho_{+L}^{+}$ 中的参数 c。

3.3 近似动态规划算法的理论构建

我们在 De Farias 和 Van Roy（2003）的研究基础上，开发近似动态规划的线性规划表述及求解方法。

3.3.1 近似动态规划的线性规划表述（ADP-LP）

首先，我们用一个通用的框架对 ADP-LP 进行简要描述。考虑一个状态空间为 $\mathcal{V}\subseteq\mathbb{R}^L$ 的离散时间无限期动态规划。对于每个状态变

量 $\boldsymbol{v} \in \mathcal{V}$，将会从一组可获得的动作 $\mathcal{A}_{v} \subseteq \mathbb{R}^{K}$ 中选中一个动作向量 $\boldsymbol{a}$，这就会产生一个单周期成本 $g(\boldsymbol{v}, \boldsymbol{a})$。令 $\mathbf{v}_{+}$ 表示下一周期状态，该状态遵循状态转移 $\boldsymbol{v}_{+} = \boldsymbol{v}_{+}(\boldsymbol{v}, \boldsymbol{a}, \boldsymbol{\omega})$，其中 $\boldsymbol{\omega}$ 是随机变量，其分布取决于 $\boldsymbol{v}$ 和 $\boldsymbol{a}$。让 $\boldsymbol{\gamma}$ 表示贴现因子，那么最优贴现代价函数 $f(\boldsymbol{v})$ 满足下列贝尔曼方程：

$$f(\boldsymbol{v}) = \min_{\mathbf{a} \in \mathcal{A}_{v}} \{ g(\boldsymbol{v}, \boldsymbol{a}) + \gamma \mathbb{E} [f(\boldsymbol{v}_{+}) \}$$

当 $\mathcal{V}$ 和 $\mathcal{A}_{v}$ 是有限的，那么 $f(\boldsymbol{v})$ 是下列线性规划（LP）的解：

$$\max_{\{f(\boldsymbol{v}):\ \boldsymbol{v} \in \mathcal{V}\}} \sum_{\boldsymbol{v} \in \mathcal{V}} w_{\boldsymbol{v}} f(\boldsymbol{v})$$

$$s.t. f(\boldsymbol{v}) \leqslant g(\boldsymbol{v}, \boldsymbol{a}) + \boldsymbol{\gamma} \mathbb{E} [f(\boldsymbol{v}_{+}(\boldsymbol{v}, \boldsymbol{a}, \boldsymbol{\omega}))] \quad \forall \boldsymbol{v} \in \mathcal{V}, \ \boldsymbol{a} \in \mathcal{A}_{v}$$

其中，$\{w_{\boldsymbol{v}}\}_{\boldsymbol{v} \in \mathcal{V}}$ 代表状态相关性权重。在该精确表达式中，这些权重可以表示为任意正数。这个线性规划的决策变量个数和原始动态规划问题中的状态数一样多。对于每个状态–动作对（state–action）都存在一个约束条件。由于我们的重点是高维状态空间（大数值的 L）问题，所以求解出这个精确线性规划是不切实际的。

考虑一组线性参数化函数 $\tilde{f}(\boldsymbol{v}) = \sum_{m=1}^{M} r_{m} f_{m}(\boldsymbol{v})$ 来近似值函数 $f(\boldsymbol{v})$，其中 f_{m} 预定义为“基函数”，r_{m} 是它们的线性系数。这就产生了近似动态线性规划（ADP–LP）：

$$\max_{\{r_{m}\}_{m=1}^{M}} \sum_{m=1}^{M} r_{m} \left(\sum_{\boldsymbol{v} \in \mathcal{V}} w_{\boldsymbol{v}} f_{m}(\boldsymbol{v}) \right)$$

$$s.t. \sum_{m=1}^{M} r_{m} f_{m}(\boldsymbol{v}) \leqslant g(\boldsymbol{v}, \boldsymbol{a}) + \boldsymbol{\gamma} \mathbb{E} \left[\sum_{m=1}^{M} r_{m} f_{m}(\boldsymbol{v}_{+}(\boldsymbol{v}, \boldsymbol{a}, \omega)) \right] \forall \boldsymbol{v} \in \mathcal{V}, \ \boldsymbol{a} \in \mathcal{A}_{v}$$

其中，只有 M 个决策变量，但是约束条件的数量仍然比较多。为了解决这个问题，我们将对约束条件进行抽样。与精确计算表达式不同的是，状态关联性权重的选择会影响求解的质量，所以我们也采取抽样方法来生成这些权重。

3.3.2 $L^\natural$凸性值函数的二次近似

近似动态线性规划（ADP-LP）方法中有三个关键组成部分需要详细说明。首先，我们需要一组基函数，这些基函数的跨度不仅大到可以模拟值函数的形状，同时也可以小到将决策变量的数量减少到可以进行处理的水平。其次，需要确定对近似过程可能产生重大影响的状态关联性权重。最后，原始ADP-LP对每个状态的每个可行性动作都设置了一个约束。我们只需要识别并使用这些约束的一个子集来保持线性规划在计算程序上的可处理性。

对于第一个问题，我们找到了一组特别的二次函数来近似需求丢失模型中的值函数。当二次函数是$L^\natural$凸函数时，那么该函数具有以下特性。

命题3.1（Murota，2003） 二次函数$\tilde{f}(\boldsymbol{v})$是离散凸函数，当且仅当

$$\tilde{f}(\boldsymbol{v}) = \sum_{l=0}^{L-1} \mu_l v_l^2 + \sum_{l,\ k:\ l \neq k} \mu_{lk}(v_l - v_k)^2 + \sum_{l=0}^{L-1} \lambda_l v_l + \nu$$

其中，$\{\mu_l\}_{l=0}^{L-1} \geqslant 0$，$\{\mu_{lk} | l \neq k\} \geqslant 0$，$\{\lambda_l\}_{l=0}^{L-1}$和$\nu$存在。

在表示矩阵时，将向量$\boldsymbol{\lambda}$和矩阵$\boldsymbol{Q}$表示为：

$$\boldsymbol{\lambda} = (\lambda_0,\ \lambda_1,\ \cdots,\ \lambda_{L-1}),\ \text{以及}\ \boldsymbol{Q} = \sum_i \mu_i \boldsymbol{E}_{(i)} + \sum_{i,\ j:\ i \neq j} \mu_{ij} \boldsymbol{E}_{(ij)}$$

其中，$\boldsymbol{E}_{(i)}$是L阶矩阵，除了第i个对角线分量为1外，其余分量都为0；$\boldsymbol{E}_{(ij)}$矩阵表示除了第i和第j个对角分量为1以及第i行j列和第j行i列分量为-1之外，其余分量都为0。根据命题3.1，二次$L^\natural$凸函数可以表示为$\boldsymbol{v}^{\mathrm{T}}\boldsymbol{Q}\boldsymbol{v} + \boldsymbol{\lambda}^{\mathrm{T}}\boldsymbol{v} + \nu$。

我们方法的出发点是根据命题3.1，将二次$L^\natural$凸函数近似为线性参数化函数，其中$\{\mu_l\}_{l=0}^{L-1}$，$\{\mu_{lk} | l \neq k\}$，$\{\lambda_l\}_{l=0}^{L-1}$和$\nu$都是线性

系数。在原始动态规划中使用这种近似可以得到以下ADP-LP方程：

$$\underset{\substack{\{\mu_l\}_{l=0}^{L-1} \\ \{\mu_{lk} | l \neq k\} \\ \{\lambda_l\}_{l=0}^{L-1} \\ \nu}}{\max imize} \sum_{\mathrm{v} \in V} w_{\mathrm{v}} \Big(\sum_{l=0}^{L-1} \boldsymbol{\mu}_l \boldsymbol{v}_l^2 + \sum_{l,\ k:\ l \neq k} \boldsymbol{\mu}_{lk} \left(\boldsymbol{v}_l - \boldsymbol{v}_k \right)^2 + \sum_{l=0}^{L-1} \boldsymbol{\lambda}_l \boldsymbol{v}_l + \nu \Big)$$

$$s.t. \sum_{l=0}^{L-1} \boldsymbol{\mu}_l \boldsymbol{v}_l^2 + \sum_{l,\ k:\ l \neq k} \boldsymbol{\mu}_{lk} \left(\boldsymbol{v}_l - \boldsymbol{v}_k \right)^2 + \sum_{l=0}^{L-1} \boldsymbol{\lambda}_l \boldsymbol{v}_l + \nu$$

$$\leqslant \gamma E \left[\sum_{l=0}^{L-1} \boldsymbol{\mu}_l \boldsymbol{v}_{l,\ +}^2 + \sum_{l,\ k:\ l \neq k} \boldsymbol{\mu}_{lk} \left(\boldsymbol{v}_{l,\ +} - \boldsymbol{v}_{k,\ +} \right)^2 + \sum_{l=0}^{L-1} \boldsymbol{\lambda}_l \boldsymbol{v}_{l,\ +} + \nu \right] + \gamma^L cz + \hat{q}^0 \left(y \right)$$

$$\forall \boldsymbol{v} \in V,\ 0 \leqslant z \leqslant z^{SVBS} \left(\boldsymbol{v} \right)$$

$$\mu_l \geqslant 0 \forall l = 0,\ \cdots,\ L - 1$$

$$\mu_{lk} \geqslant 0 \forall l,\ k:\ l < k$$

与原始的LP相比，决策变量的数量从L的指数，缩减到了现在的$\dfrac{(L+1)(L+2)}{2}$。

接下来，我们讨论ADP-LP方法中的状态关联性权重和约束抽样问题。用u^*表示DP的优化算法，$\boldsymbol{\pi}_{u^*}$是基于u^*的稳态分布。De Farias和Van Roy（2003）指出为了获得好的近似结果，w_{v}要尽可能地接近$\boldsymbol{\pi}_{u^*}$。虽然$\boldsymbol{\pi}_{u^*}$是不可获得的，但是我们通常可以找到一个启发式算法$\hat{u}$，并近似其稳态分布$\boldsymbol{\pi}_{\hat{u}}$。我们希望稳态分布$\boldsymbol{\pi}_{\hat{u}}$和$\boldsymbol{\pi}_{u^*}$是非常接近的。对于我们要解决的问题，我们提出通过在一些易于实现且运行相当好的启发式算法$\hat{u}$下模拟状态的长轨道来生成状态样本$\overline{\mathcal{V}}_{\hat{u}}$。然后我们使用样本状态分布$\hat{\boldsymbol{\pi}}_{\hat{u}}$作为状态关联性权重$w_{\mathrm{v}}$。例如，在需求丢失问题中，我们可以使用一些现存的启发式算法，例如易于实现的SVBS或Myopic策略，来生成状态样本。

De Farias和Van Roy（2004）也探讨了仅施加约束的一个样本子集，并得出结论，一个好的样本分布也应该是接近于$\boldsymbol{\pi}_{u^*}$。因此，从一个性能好的算法中生成的状态样本（$\overline{\mathcal{V}}_{\hat{u}}$）将会是约束的合理选择，这也是我们所做的。

总之，我们最终解决的线性规划问题是：

$$\max_{\substack{\{\mu_l\}_{l=0}^{L-1}\\ \{\mu_{lk}|l\neq k\}\\ \{\lambda_l\}_{l=0}^{L-1}\\ \nu}} imize \sum_{\boldsymbol{v}\in\overline{V}_{\hat{u}}}\left(\sum_{l=0}^{L-1}\boldsymbol{\mu}_l\boldsymbol{v}_l^2+\sum_{l,\ k:\ l\neq k}\boldsymbol{\mu}_{lk}\left(\boldsymbol{v}_l-\boldsymbol{v}_k\right)^2+\sum_{l=0}^{L-1}\boldsymbol{\lambda}_l\boldsymbol{v}_l+\nu\right)$$

$$s.t.\sum_{l=0}^{L-1}\boldsymbol{\mu}_l\boldsymbol{v}_l^2+\sum_{l,\ k:\ l\neq k}\boldsymbol{\mu}_{lk}\left(\boldsymbol{v}_l-\boldsymbol{v}_k\right)^2+\sum_{l=0}^{L-1}\boldsymbol{\lambda}_l\boldsymbol{v}_l+\nu \tag{3-1}$$

$$\leqslant\gamma E\left[\sum_{l=0}^{L-1}\boldsymbol{\mu}_l\boldsymbol{v}_{l,\ +}^2+\sum_{l,\ k:\ l\neq k}\boldsymbol{\mu}_{lk}\left(\boldsymbol{v}_{l,\ +}-\boldsymbol{v}_{k,\ +}\right)^2+\sum_{l=0}^{L-1}\boldsymbol{\lambda}_l\boldsymbol{v}_{l,\ +}+\nu\right]+\gamma^L cz+\hat{q}^0\left(y\right)$$

$$\forall\boldsymbol{v}\in\overline{V}_{\hat{u}},\ 0\leqslant z\leqslant z^{SVBS}(\boldsymbol{v})$$

$$\boldsymbol{\mu}_l\geqslant 0\forall l=0,\ \cdots,\ L-1$$

$$\boldsymbol{\mu}_{lk}\geqslant 0\forall l,\ k:\ l<k$$

令$\left\{\tilde{u}_l\right\}_{l=0}^{L-1}$，$\left\{\tilde{u}_{lk}|l\neq k\right\}$，$\left\{\tilde{\lambda}_l\right\}_{l=0}^{L-1}$和$\tilde{\boldsymbol{\nu}}$为线性规划（3-1）的解。因此，我们得到了下列关于值函数$f(\boldsymbol{v})$的二次近似，用一个简洁的矩阵形式来表示：

$$\tilde{f}^{ADP}(\boldsymbol{v})=\boldsymbol{v}^{\mathrm{T}}\tilde{\boldsymbol{Q}}\boldsymbol{v}+\tilde{\boldsymbol{\lambda}}^{\mathrm{T}}\boldsymbol{v}+\tilde{\nu}$$

其中，向量$\tilde{\boldsymbol{\lambda}}$为：

$$\tilde{\boldsymbol{\lambda}}=\left(\tilde{\lambda}_0,\ \tilde{\lambda}_1,\ \cdots,\ \tilde{\lambda}_{L-1}\right)$$

矩阵$\tilde{\boldsymbol{Q}}$为：

$$\tilde{Q}=\sum_i\tilde{\mu}_i\boldsymbol{E}_{(i)}+\sum_{i,\ j:\ i\neq j}\tilde{\mu}_{ij}\boldsymbol{E}_{(ij)}$$

3.4 算法设计

在本节，我们基于前文中的二次近似$\tilde{f}^{ADP}$为需求丢失模型开发了几种启发式算法。因为SVBS算法容易计算并且限制最优订购数量，所以我们将其用作以下所有算法的上界。

3.4.1 线性规划贪婪算法（LP-greedy Policy）

近似值函数$\tilde{f}^{ADP}$直接生成如下启发式，其中订购数量的决策为：

$$z^{LPg}(\boldsymbol{v}) = \min_{0 \leqslant z \leqslant z^{SVBS}} \left\{ \gamma^L cz + q^0(y) + \gamma \mathbb{E}\left[\tilde{f}^{ADP}(\boldsymbol{v}_+) \right] \right\}$$

我们将其称之为线性规划贪婪（LP-greedy）算法。由于决策变量z的单周期成本和状态转换函数都是线性的，所以该算法具有一个闭合表达式。为了便于表示，对于向量$\boldsymbol{v}$，我们用$\boldsymbol{v}_{m:n}$来表示子向量$(\boldsymbol{v}_m, \boldsymbol{v}_{m+1}, \cdots, \boldsymbol{v}_n)$。对于矩阵$\boldsymbol{Q}$，用符号$\boldsymbol{Q}_{m:n,s:t}$表示子矩阵$m$，$m+1$，…，$n$行和$s$，$s+1$，…，$t$列。

我们进一步定义向量$\boldsymbol{\kappa} = (\kappa_0, \cdots, \kappa_{L-1})$和标量$\varsigma$：

$$\kappa_0 = \kappa_1 = \frac{\tilde{\mu}_{L-1}}{\bar{\mu}},\ \kappa_l = \frac{\tilde{\mu}_{L-1} + 2\sum_{\iota=0}^{l-2} \tilde{\mu}_{\iota, L-1}}{\bar{\mu}},\ \forall l = 2, \cdots, L-1,\ \varsigma = \frac{-\tilde{\lambda}_L - \gamma^{L-1} c}{2\bar{\mu}} \tag{3-2}$$

其中，分母为：

$$\bar{\mu} = \tilde{\mu}_{L-1} + 2\sum_{\iota}^{L-2} \tilde{\mu}_{\iota, L-1} \tag{3-3}$$

命题3.2 LP贪婪算法下的订购数量是：

$$z^{LPg} = 0 \vee \hat{z}^{LPg} \wedge z^{SVBS} \tag{3-4}$$

其中：

$$\hat{z}^{LPg}(\boldsymbol{x}) = \varsigma - \kappa_0 \mathbb{E}\left[[x_0 - d]^+ + \boldsymbol{\kappa}_{1:L-1}^{\mathrm{T}} \boldsymbol{x}_{1:L-1} \right]$$

在没有上界和下界的情况下，订购量$\hat{z}^{LPg}$在状态变量中几乎是线性的。更具体地来说，令$\tilde{v} = \kappa_0 \mathbb{E}\left[[x_0 - d]^+ \right] + \boldsymbol{\kappa}_{1:L-1}^{\mathrm{T}} \boldsymbol{x}_{1:L-1}$，这表示向量（$\mathbb{E}\left[[x_0 - d]^+ \right] + x_1, x_2, \cdots, x_{L-1}$）的$\boldsymbol{\kappa}_{1:L-1}$加权和。反过来，

这个向量是不包括当期订购数量的预期下一个时期的渠道库存。如果我们将 $\tilde{\boldsymbol{v}}$ 看作一个“扭曲”的库存头寸，那么LP贪婪算法可以被解释为一个广义的基本存量算法，其中常数项 ς 作为订至点水平。

因为 $0 \leqslant \kappa_0 = \kappa_1 \leqslant \cdots \leqslant \kappa_{L-1} \leqslant 1$，$0 \leqslant \frac{d\mathbb{E}\left[\left[x_0 - d\right]^+\right]}{dx_0} \leqslant 1$，所以我们得到：

$$-1 \leqslant \frac{d\hat{z}^{LPg}}{dx_{L-1}} \leqslant \cdots \leqslant \frac{d\hat{z}^{LPg}}{dx_0} \leqslant 0$$

这与前面文献中提到的 Karlin 和 Scarf（1958）以及 Zipkin（2008）得出的单调性结果一致。

3.4.2 二阶线性规划贪婪算法（LP-Greedy-2 Policy）

基于LP- greedy 算法，我们定义：

$$f^{LPg}(\boldsymbol{v}) = \gamma^L c z^{LPg}(\boldsymbol{v}) + q^0(y) + \gamma\mathbb{E}\left[\tilde{f}^{ADP}\left(\boldsymbol{v}_+(\boldsymbol{v},\ z^{LPg},\ d)\right)\right]$$

鉴于 z^{LPg} 是一个闭合表达式，所以计算 $f^{LPg}(\boldsymbol{v})$ 是非常容易的，这意味着通过解决下列一维优化问题就可以扩展LP-greedy 算法：

$$\min_{0 \leqslant z \leqslant z^{SVBS}} \left\{\gamma^L cz + q^0(y) + \gamma\mathbb{E}\left[f^{LPg}(\boldsymbol{v}_+)\right]\right\}$$

该方案本质来说是将 $\tilde{f}^{ADP}$ 作为终端成本求解了一个两周期的动态规划问题，因此我们将这个问题的解决方案称为LP-Greedy-2 算法。

3.4.3 T^L 算法

如果暂时把非负约束和订购数量 z 的上界 z^{SVBS} 放在一边，我们可以进一步使用 $\tilde{f}^{ADP}$ 的二阶形式，并将函数 $\tilde{f}^{(l)}(l = 0,\ \cdots,\ L-1)$ 递归定义为：

$$\tilde{f}^{(0)}(\boldsymbol{v}) = \tilde{f}^{ADP}(\boldsymbol{v})$$

$$\tilde{f}^{(l)}(\boldsymbol{v}) = \min_{z}\left\{\gamma^{L}cz + q^{0}(y) + \gamma\mathbb{E}\left[\tilde{f}^{(l-1)}(\boldsymbol{v}_{+})\right]\right\} \quad l = 1, \cdots, L-1 \tag{3-5}$$

这些函数都是z的二次方。因此，我们可以通过计算$\tilde{f}^{(1)}(\boldsymbol{v})$到$\tilde{f}^{(L-1)}(\boldsymbol{v})$来迭代出关于$z$的闭合表达式。从形式上来说，我们能够得到以下命题。

命题 3.3 在（3-5）中递归定义的函数$\tilde{f}^{(0)}\cdots\tilde{f}^{(L-1)}$可以用下式表示：

$$\tilde{f}^{(l)}(\mathbf{v}) = \sum_{\tau=0}^{l}\mathbb{E}\left[\mathbb{E}\left[\boldsymbol{v}_{0:\ L-(l+1),\ \ +l}|\boldsymbol{v}_{+\tau}\right]^{\mathrm{T}}\boldsymbol{Q}_{\tau}^{(l)}\mathbb{E}\left[\boldsymbol{v}_{0:\ L-(l+1),\ \ +l}|\boldsymbol{v}_{+\tau}\right]\right] +$$
$$\boldsymbol{\lambda}^{(l)}\mathbb{E}\left[\boldsymbol{v}_{0:\ L-(l+1),\ \ +l}\right] + \sum_{\tau=0}^{l-1}\gamma^{\tau}\,\mathbb{E}\left[\hat{q}^{(0)}(y_{+\tau})\right] + \boldsymbol{\nu}^{(l)} \tag{3-6}$$

其中，$(L-l)\times(L-l)$阶矩阵$\boldsymbol{Q}_{\tau}^{(l)}$，$1\times(L-l)$向量$\boldsymbol{\lambda}^{(l)}$和标量$\boldsymbol{\nu}^{\tau}$的递归定义分别如下所示：

$$\boldsymbol{Q}_{0}^{(0)} = \tilde{\boldsymbol{Q}},\ \boldsymbol{\lambda}^{(0)} = \tilde{\boldsymbol{\lambda}},\ \forall l = 0, \cdots, L-2,\ \tau = 1, \cdots, l+1$$

$$\boldsymbol{Q}_{0}^{(l+1)} = -\gamma\left(\frac{\boldsymbol{J}_{L-l-1}^{T}\left(\sum_{\tau=0}^{l}\boldsymbol{Q}_{\tau,\ (1:\ L-l,\ L-l)}^{(l)}\right)\left(\sum_{\tau=0}^{l}\boldsymbol{Q}_{\tau,\ (L-l,\ 1:\ L-l)}^{(l)}\right)\boldsymbol{J}_{L-l-1}}{\sum_{\tau=0}^{l}\boldsymbol{Q}_{\tau,\ (L-l,\ L-l)}^{(l)}}\right)$$

$$\boldsymbol{Q}_{\tau}^{(l+1)} = \gamma\boldsymbol{J}_{L-l-1}^{\mathrm{T}}\boldsymbol{Q}_{\tau-1}^{(l)}\boldsymbol{J}_{L-l-1} \tag{3-7}$$

$$\boldsymbol{\lambda}^{(l+1)} = \gamma\left(\boldsymbol{\lambda}^{(l)} - \frac{\left(\lambda_{L-1}^{(l)} + \gamma^{L-1}c\right)\left(\sum_{\tau=0}^{l}\boldsymbol{Q}_{\tau,\ (L-l,\ 1:\ L-l)}^{(l)}\right)}{\sum_{\tau=0}^{l}\boldsymbol{Q}_{\tau,\ (L-l,\ L-l)}^{(l)}}\right)\boldsymbol{J}_{L-l-1}$$

$$\boldsymbol{\nu}^{(l+1)} = \gamma\left(\boldsymbol{\nu}^{(l)} - \frac{\left(\lambda_{L-1}^{(l)} + \gamma^{L-1}c\right)^{2}}{4\sum_{\tau=0}^{l}\boldsymbol{Q}_{\tau,\ (L-l,\ L-l)}^{(l)}}\right)$$

其中，$(l+1)\times l$阶矩阵$\boldsymbol{J}_{l}$的表达式如下所示：

$$\because \boldsymbol{J}_{l} = \begin{pmatrix} 1 & & & \\ & 1 & & \\ & & \ddots & \\ & & & 1 \\ & & & 1 \end{pmatrix}$$

并且标量$\boldsymbol{\nu}^{(l)}$不取决于状态$\boldsymbol{v}$的常数。

此外，函数$\tilde{f}^{(L-1)}$的可以采用以下形式：

$$\tilde{f}^{(l-1)}(\boldsymbol{v}) = \sum_{\tau=0}^{L-1} \boldsymbol{Q}_{\tau}^{(L-1)} E\left[E\left[y_{+l-1} | \boldsymbol{v}_{+\tau}\right]^2\right] + \boldsymbol{\lambda}^{(L-1)} E\left[y_{+L-1}\right] +$$

$$\sum_{\tau=0}^{L-2} \gamma^{\tau} E\left[q^0\left(y_{+\tau}\right)\right] + \boldsymbol{\nu}^{(L-1)}$$

表达式（3-7）提供了一个简单的程序来得到计算$\tilde{f}^{(L-1)}$所必需的$\boldsymbol{Q}_{\tau}^{(L-1)}$和$\boldsymbol{\lambda}^{(L-1)}$。值得注意的是，这个过程本质上是求解一个$(L-1)$周期线性二次控制系统的过程。

现在，我们把$\tilde{f}^{(L-1)}$作为近似值函数去求解，并且求解：

$$\min_{0 \leqslant z \leqslant z^{SVBS}} \gamma^L cz + q^0\left(v_0\right) + \gamma \mathbb{E}\left[\tilde{f}^{(L-1)}\left(\boldsymbol{v}_{+}\right)\right]$$

我们将其称之为T^L算法，通常来说，T指的是的动态规划算子。我们的程序对应于将T算子的L次应用于$\tilde{f}^{ADP}$，其中第一个$(L-1)$次没有约束，最后一次受到$0 \leqslant z \leqslant z^{SVBS}$的约束。采购数量（$z^{T^L}$）是算子最后一个迭代的最优解。

与LP-greedy算法一样，T^L算法也是非常简单的。注意，$z^{T^L} = 0 \vee \hat{z}^{T^L} \wedge z^{SVBS}$，其中：

$$\hat{z}^{T^L}(\mathbf{v}) = argmin\left\{\gamma^L cz + \gamma\left(\sum_{\tau=1}^{L} \boldsymbol{Q}_{\tau}^{(L-1)} E\left[E\left[\rho_{+L-1}^{+} + z | \boldsymbol{v}_{+\tau}\right]^2\right] + \boldsymbol{\lambda}^{(L-1)} E\left[\rho_{+L-1}^{+} + z\right]\right)\right\}$$

$$= \varsigma^{T^L} - E\left[\rho_{+L-1}^{+}\right]$$

其中，$\varsigma^{T^L} = -\dfrac{\boldsymbol{\lambda}^{(L-1)} + \gamma^{L-1} c}{2\sum_{\tau=1}^{L} \boldsymbol{Q}_{\tau}^{(L-1)}}$，$\mathbb{E}\left[\rho_{+L-1}^{+}\right] = \mathbb{E}\left[\left[\cdots\left[x_0 - d\right]^{+} + \cdots + x_{L-1} - d_{+L-1}\right]^{+}\right]$。注意$\mathbb{E}\left[\rho_{+L-1}^{+}\right]$是在订购数量到达之前一个订单交付周期$L$之后的预期库存水平，并且可以向后迭代$l$（$l = L-1$，…，1）。

$$\mathbb{E}\left[\rho_{+L-1}^{+} | x_{0,\ +L-1}\right] = \mathbb{E}\left[\left(x_{0,\ +L-1} - d_{+L-1}\right)^{+} | x_{0,\ +L-1}\right]$$

$$\mathbb{E}\left[\rho_{+L-1}^{+} | x_{0,\ +l-1},\ x_1,\ \cdots,\ x_{L-1}\right] = \mathbb{E}\left[\mathbb{E}\left[\rho_{+L-1}^{+} | \left[x_{0,\ +L-1} - d_{+L-1}\right]^{+} +\right.\right.$$

$x_l, x_{l+1}, \cdots, x_{L-1}\big]\big]$

因此，这种启发式算法可以解释另一种类型的广义基准库存策略，该策略在交付周期$\mathbb{E}\left[x_{0,+L}\right]$后，可通过下订单尽可能将预期库存水平提高到$\varsigma^{T^L}$。

LP-greedy算法和T^L启发式算法形成了一个有意思的对比。两种方法都可以被解释为针对一些“扭曲”的库存头寸的订购策略。然而，LP-greedy算法订购数量对库存状态的敏感性由$L-1$系数$\{\boldsymbol{\kappa}_l\}_{l=1}^{L-1}$（$\boldsymbol{\kappa}_0=\boldsymbol{\kappa}_1$）决定。$T^L$算法下订购数量的敏感性由$\mathbb{E}\left[\boldsymbol{\rho}^+_{+L-1}\right]$表达式内生决定。

3.4.4 T^{L+1}算法

与T^L算法相比，近似代价函数的二次结构可以进一步得到使用，因为，T^L的目标函数在z中仍然是二次函数，我们进一步定义：

$$\tilde{f}^{(L)}(\mathbf{v}) = \min_z \left\{\gamma^L cz + \hat{q}^0\left(v_0\right) + \gamma\mathbb{E}\left[\tilde{f}^{(L-1)}\left(\boldsymbol{v}_+\right)\right]\right\}$$

$$= \sum_{\tau=0}^{L} \boldsymbol{Q}_\tau^{(L)}\mathbb{E}\left[\mathbb{E}\left[\boldsymbol{\rho}^+_{+L-l}|\boldsymbol{v}_{+\tau}\right]^2\right] - \gamma^L c\mathbb{E}\left[\boldsymbol{\rho}^+_{+L-1}\right] + \sum_{\tau=0}^{L-1}\gamma^\tau\mathbb{E}\left[q^0\left(x_{0,+\tau}\right)\right] + \boldsymbol{\nu}^{(L)},$$

其中，

$$\boldsymbol{Q}_0^{(L)} = -\gamma\sum_{\tau=1}^{L}\boldsymbol{Q}_\tau^{(L-1)},\ \boldsymbol{Q}_\tau^{(L)} = \gamma\boldsymbol{Q}_{\tau-1}^{(L-1)}\forall\boldsymbol{\tau} = 1, \cdots, L$$

$$\boldsymbol{\nu}^{(L)} = \boldsymbol{\gamma}\left(\boldsymbol{\nu}^{(L-1)} - \frac{\left(\boldsymbol{\lambda}^{(L-1)} + \boldsymbol{\gamma}^{L-1}c\right)^2}{4\sum_{\tau=0}^{L-1}\boldsymbol{Q}_\tau^{(L-1)}}\right)$$

因此，T^{L+1}算法下的订购量为：

$$z^{T^{L+1}} = \arg\min_{0\leqslant z\leqslant z^{SVBS}}\{\boldsymbol{\gamma}^L cz + \hat{q}^0\left(v_0\right) + \boldsymbol{\gamma}\mathbb{E}[\tilde{f}^{(L)}\left(\boldsymbol{v}_+\right)]\}$$

注意$\tilde{f}^{(L)}$（$\boldsymbol{v}_+$）中的$\mathbb{E}\left[\hat{q}^0\left(x_{0,+L}\right)\right]$，$\mathbb{E}\left[\boldsymbol{\rho}^+_{+L-1}\right]$，以及$\mathbb{E}\left[\left[\boldsymbol{\rho}^+_{+L}|\boldsymbol{v}_{+\tau}\right]^2\right]$

能够以 $\mathbb{E}\left[\rho^{+}_{+L-1}|x_{0,\ +L-1}\right]$相似的方式通过递归来得到。唯一的区别是它们现在是$z$的函数。我们不再有$z^{T^{L+1}}$的闭合表达式，需要通过执行线性搜索来求解它。计算成本和Myopic算法一样大。

3.4.5 LP-$\hat{q}$-greedy 算法

这个启发式算法和LP-greedy算法是一样的，但是该算法是依赖于$\hat{q}$方法而不是q方法。

与q方法相关的最优成本函数f是$L^{\natural}$凸函数。然而，与单周期成本$\hat{q}$相关的成本函数$\hat{f}$不是$L^{\natural}$凸函数。进一步地，当L=2时，f甚至不满足凸性。但是，作为一个纯粹的启发式算法，我们可以用相同的ADP-LP算法来近似$\hat{f}$。这种近似能够确保$\hat{f}$是凸函数，这就使我们能够容易地获得贪婪订购数量。具体来说，我们求解的是以下线性规划：

$$\underset{\substack{\{\mu_l\}_{l=0}^{L-1}\\ \{\mu_{lk}|l\neq k\}\\ \{\lambda_l\}_{l=0}^{L-1},\ \nu}}{\max imize}\sum_{\mathbf{v}\in\overline{V}_{\hat{u}}}\left(\sum_{l=0}^{L-1}\mu_l v_l^2+\sum_{l,\ k:\ l\neq k}\mu_{lk}\left(v_l-v_k\right)^2+\sum_{l=0}^{L-1}\lambda_l v_l+\nu\right)$$

$$s.t.\sum_{l=0}^{L-1}\mu_l v_l^2+\sum_{l,\ k:\ l\neq k}\mu_{lk}\left(v_l-v_k\right)^2+\sum_{l=0}^{L-1}\lambda_l v_l+\nu$$

$$\leqslant\gamma E\left[\sum_{l=0}^{L-1}\mu_l v_{l,\ +}^2(\boldsymbol{v},\ \boldsymbol{a},\ \omega)+\sum_{l,\ k:\ l\neq k}\mu_{lk}\left(\mu_{l,\ +}(\boldsymbol{v},\ \boldsymbol{a},\ \omega)-v_{k,\ +}(\boldsymbol{v},\ \boldsymbol{a},\ \omega)\right)^2+\right.$$

$$\left.\sum_{l=0}^{L-1}\lambda_l v_{l,\ +}(\boldsymbol{v},\ \boldsymbol{a},\ \omega)+\nu\right]+\hat{q}(\boldsymbol{v},\ z)\qquad\forall\boldsymbol{v}\in\overline{V}_{\hat{u}},\ 0\leqslant z\leqslant z^{SVBS}(\boldsymbol{v})$$

$$\mu_l\geqslant 0\forall l=0,\ \cdots,\ L-1$$

$$\mu_{lk}\geqslant 0\forall l,\ k:\ l<k$$

根据“LP-$\hat{q}$-greedy”算法近似的代价函数$\tilde{\hat{f}}^{ALP}(\boldsymbol{v})$生成下列订购量函数：

$$z^{Lp\hat{q}g}(\boldsymbol{v})=\underset{0\leqslant z\leqslant z^{SVBS}}{\arg\min}\left\{\hat{q}(\boldsymbol{v},\ z)+\gamma\mathbb{E}\left[\tilde{\hat{f}}^{ALP}(\boldsymbol{v}_+)\right]\right\}$$

与q方法下的LP-greedy算法不同，由于$\hat{q}(\boldsymbol{v}, z)$既不是线性，也不是z二次函数，所以我们没有得到关于$z^{lp\hat{q}g}$的闭合表达式。

3.5 数值实验

我们从Zipkin（2008）的研究中获取模型参数，令$c=0$，$h^{(+)}=1$，$h^{(-)}$在$\{4, 9, 19, 39\}$上取值，需求服从均值为5的泊松分布或几何分布。Zipkin（2008）研究的商品交付周期是1～4。为了验证我们的方法在处理长交付周期的效果，我们将交付周期L设置为4，6，8，10。

SVBS和Myopic算法比较容易实现，因此我们使用这两种算法来产生状态关联性权重和约束集生成状态的轨迹。具体来说，我们生成了一个由6 000个随机需求组成的序列，并根据生成算法模拟系统状态。我们丢掉前1 000个状态周期来减轻从零状态启动系统所带来的瞬时影响，将剩余的5 000个时间段的状态轨迹用作ADP-LP的样本状态集$\overline{\mathcal{V}}_{\hat{u}}$。

通过使用ADP-LP求解，我们用每个基于ADP-LP的启发式算法（LP-greedy，LP-Greedy-2，T^{L}，T^{L+1}和LP-$\hat{q}$-greedy）对系统进行了50 000个周期的模拟，并且评估了这个时期的长期平均成本。最后，我们以Myopic，Myopic2以及B-S Myopic算法作为基准，与我们的启发式算法进行比较。在引入B-S Myopic算法之前，Myopic2算法是文献中运行最好的启发式算法。当选择合适的单位终端成本c^{B-S}时，那么B-S Myopic算法要优于Myopic2算法。实际上，我们的计算表明，当$L=4$时，B-S Myopic算法的性能在优化算法的0.1%以内。

我们发现，作为ADP-LP的状态关联性权重和约束的生成算法，

Myopic算法要优于SVBS算法。首先，在大多数情况下，相比于SVBS，Myopic生成的基于ADP-LP的算法下的长期平均成本更低。其次，当由SVBS生成时，算法的稳定性较差，因为生成轨迹的随机性导致长期平均成本的变化较大。我们还运行了Myopic2算法，这个算法不仅消耗的时长较多，而且与Myopic算法相比，性能并没有得到明显的提高。因此，在表3-1和表3-2中，我们给出了在q方法下，Myopic生成的基于ADP-LP算法所得到的长期平均成本，并将其与原始的Myopic算法和Myopic2算法所得到的成本进行比较。在表格中，粗体标记数字表示我们的算法优于Myopic2算法。

表3-1　　**泊松分布需求下的平均成本表（需求丢失）**

L	$h^{(-)}$	LPg	LPg2	T^L	T^{L+1}	M1	M2
4	4	**4.816**	**4.765**	**4.748**	**4.775**	5.063	4.817
4	9	6.940	**6.902**	6.924	**6.905**	7.200	6.920
4	19	9.091	9.109	9.332	**8.930**	9.182	8.961
4	39	11.682	11.901	12.390	**10.810**	11.044	10.840
6	4	**5.008**	**4.960**	**4.887**	**4.927**	5.418	5.048
6	9	**7.362**	**7.327**	**7.334**	**7.333**	7.905	7.433
6	19	**9.766**	9.887	10.161	**9.754**	10.284	9.852
6	39	12.632	13.428	14.233	**11.993**	12.467	12.108
8	4	**5.125**	**5.074**	**4.961**	**5.002**	5.701	5.201
8	9	**7.677**	**7.612**	**7.563**	**7.619**	8.426	7.769
8	19	**10.260**	**10.375**	10.727	**10.343**	11.111	10.530
8	39	13.205	15.639	19.069	**12.859**	13.589	13.094
10	4	**5.240**	**5.150**	**5.004**	**5.034**	5.904	5.309
10	9	**7.943**	**7.817**	**7.722**	**7.817**	8.855	8.076
10	19	**10.680**	**10.780**	11.369	**10.758**	11.822	11.085
10	39	**13.752**	18.849	45.702	**13.530**	14.590	13.927

表3-2　　几何分布需求下的平均成本表（需求丢失）

L	$h^{(-)}$	LPg	LPg2	T^{L}	T^{L+1}	M1	M2
4	4	**10.720**	**10.660**	**10.643**	**10.648**	11.317	10.795
4	9	**16.744**	**16.743**	**16.763**	**16.662**	17.621	16.894
4	19	23.461	23.491	23.674	**23.024**	24.037	23.289
4	39	30.878	31.020	31.270	**29.401**	30.327	29.644
6	4	**10.892**	**10.830**	**10.787**	**10.809**	11.751	11.079
6	9	**17.348**	**17.278**	**17.306**	**17.287**	18.777	17.749
6	19	**24.391**	**24.544**	**24.904**	**24.384**	26.041	24.927
6	39	32.364	32.777	33.753	**31.577**	33.155	32.115
8	4	**11.082**	**10.928**	**10.855**	**10.873**	12.039	11.273
8	9	**17.796**	**17.653**	**17.632**	**17.682**	19.659	18.386
8	19	**25.249**	**25.276**	**25.740**	**25.364**	27.629	26.214
8	39	**33.368**	34.142	35.688	**33.229**	35.483	34.119
10	4	**14.210**	**10.993**	**11.175**	**11.178**	12.230	11.397
10	9	**18.280**	**17.936**	**17.861**	**17.908**	20.361	18.892
10	19	**26.018**	**25.879**	**26.438**	**26.034**	28.967	27.273
10	39	36.029	**35.189**	39.601	36.104	37.463	35.818

我们观察到，T^{L+1}算法始终都是优于Myopic2。LP贪婪算法具有良好且稳定的性能。当$L=4$时，虽然T^{L+1}算法不会生成最令人印象深刻的结果，但是随着交付周期的增加，该算法在大多数情况下确实是优于Myopic2。另一方面，T^{L}算法对需求丢失惩罚$h^{(-)}$是很敏感的。

当 $h^{(-)}=4$ 时，该算法总是最优的，但是当惩罚成本较高时，它表现就相对较差。注意，当 $L=10$，$h^{(-)}=39$，且需求服从泊松分布时，T^L 算法会产生一个非常高的平均成本。

值得注意的是，表3-2的粗体数要比表3-1的粗体数更多，这表明与泊松分布相比，当需求服从几何分布时，我们基于ADP-LP的启发式算法是要优于Myopic2算法。Zipkin（2008）提到在该论文中研究的几乎所有情况中，当需求服从泊松分布时，启发式算法通常会接近最优。因此根据我们得出的结论，我们的启发式算法具有更大的潜力来挑战传统的启发式算法。

最后，我们观察一下LP-$\hat{q}$-greedy算法的表现。我们在表3-3中列出了 q 方法下Myopic生成的基于ADP-LP的四个算法所得到的最优平均成本，Myopic生成的LP-$\hat{q}$-greedy算法得出的平均成本，以及Myopic2和B-S Myopic算法得出的平均成本。粗体数字表示着 q 方案下基于ADP-LP的算法，LP-$\hat{q}$-greedy算法以及Myopic2算法所求出的平均成本最优值。32次测试中有29次的结果显示，LP-$\hat{q}$-greedy算法要比 q 方案下的算法更优（即使包含了 T^{L+1} 算法）。此外，在设置的所有参数中，LP-$\hat{q}$-greedy算法始终是要优于Myopic2算法。在我们测试的所有算法中，虽然B-S Myopic算法能得到最低的总成本，但是我们发现LP-$\hat{q}$-greedy算法非常接近这个结果。事实上，这里有三个需求服从几何分布的例子（$L=4$，$h^{(-)}=9,19,39$），其中LP-$\hat{q}$-greedy算法能得到最低的平均成本（然而，这一差异小于0.005%）。由于ADP-LP方法只涉及一次近似过程，而B-S Myopic算法需要在每一步都进行完全模拟的情况下，对最优单位终值进行线性搜索，所以我们认为LP-$\hat{q}$-greedy算法是最佳启发式算法强有力的竞争者。

表3-3　　　　　　LP-$\hat{q}$-greedy算法的平均成本表

		泊松分布				几何分布			
L	$h^{(-)}$	Best q-ADP-LP	LP-$\hat{q}$-g	M2	B-S Myopic	Best q-ADP-LP	LP-$\hat{q}$-g	M2	B-S Myopic
4	4	4.748	**4.737**	4.819	4.723	10.643	**10.61**	10.795	10.608
4	9	6.902	**6.845**	6.923	6.828	16.662	**16.584**	16.894	16.584
4	19	8.93	**8.893**	8.963	8.88	23.024	**22.957**	23.289	22.964
4	39	10.81	**10.802**	10.844	10.789	29.401	**29.361**	29.644	29.373
6	4	4.887	**4.881**	5.051	4.866	10.787	**10.764**	11.079	10.759
6	9	7.327	**7.248**	7.436	7.219	17.278	**17.162**	17.749	17.148
6	19	9.754	**9.667**	9.855	9.633	24.384	**24.241**	24.927	24.233
6	39	11.993	**11.968**	12.112	11.938	31.577	**31.497**	32.115	31.497
8	4	**4.961**	4.966	5.205	4.945	10.855	**10.841**	11.273	10.836
8	9	7.563	**7.523**	7.776	17.469	17.632	**17.516**	18.386	17.494
8	19	10.26	**10.205**	10.536	10.154	25.249	**25.13**	26.214	25.111
8	39	12.859	**12.836**	13.099	12.786	33.229	**33.098**	34.119	33.089
10	4	**5.004**	5.051	5.314	4.988	10.993	**10.898**	11.397	10.877
10	9	**7.722**	7.739	8.082	7.631	17.861	**17.754**	18.892	17.719
10	19	10.68	**10.618**	11.091	10.534	25.879	**25.788**	27.273	25.755
10	39	13.53	**13.529**	13.934	13.455	35.189	**34.36**	35.818	34.339

我们的近似方案依赖于从随机模拟的状态轨迹中生成的线性规划，因此，重要的是要检查研究中的性能比较是否稳健。对于每个设置的参数，我们重复相同的过程来生成ADP-LP，并用100个独立采样的需求轨道对启发式算法进行100次评估。我们将算法配对进行比较，得出每个需求轨道下的平均成本差异，并对此类配对性能差异的t统计量进行重复100次的检验。

表3-4显示了针对基于ADP-LP的启发式算法和Myopic2算法之间性能差异的单尾检验计算的成对t统计量。t统计量表显示，在统计学上，表3-1和表3-2中的大多数相应的性能排序是统计学显著的。事实上，160个实例中有156个实例的显著性不低于90%（t统计量的临界值是1.29），其中有150个实例的显著性不低于99.95%（t统计量的临界值是3.4）。

表3-4　需求丢失启发式算法的t统计量表

		泊松分布					几何分布				
L	$h^{(-)}$	LPg	LPg2	T^L	T^{L+1}	LP-$\hat{q}$-g	LPg	LPg2	T^L	T^{L+1}	LP-$\hat{q}$-g
4	4	0.7	36.6	132.1	46.6	460.0	19.4	40.7	241.8	118.8	739.4
4	9	-6.2	6.5	-5.9	10.5	441.1	23.4	18.2	143.4	137.3	803.1
4	19	-22.8	-24.7	-53.1	30.0	463.9	-20.7	-19.8	-139.5	179.0	1399.5
4	39	-91.5	-83.4	-60.6	55.9	120.9	-96.8	-81.7	-295.5	255.8	1795.2
6	4	19.9	36.0	279.5	73.0	681.5	108.0	125.7	386.5	168.8	719.9
6	9	32.1	31.5	54.2	35.5	715.6	84.3	87.1	348.7	117.6	885.2
6	19	21.0	-3.3	-45.3	33.7	789.7	45.2	22.9	1.3	115.5	1266.1
6	39	-54.3	-28.6	-44.9	61.5	688.1	-7.9	-23.4	-77.1	144.2	1182.7
8	4	29.9	32.8	258.4	94.8	412.2	2.6	108.0	469.1	197.1	767.9
8	9	38.3	38.2	141.1	44.0	460.0	176.4	157.6	389.2	101.7	913.4
8	19	127.4	12.3	-13.0	39.8	492.5	302.2	78.2	37.5	66.7	1099.4
8	39	-9.4	-14.7	-17.1	53.5	541.9	53.5	-1.1	-30.0	89.6	1063.9
10	4	22.8	33.2	129.2	176.6	160.4	-6.9	69.2	1.3	1.3	423.4
10	9	40.4	62.7	155.2	58.8	244.7	6.1	157.3	120.3	119.1	780.5
10	19	179.1	9.1	-6.6	41.1	445.2	278.1	162.8	42.0	79.6	1057.1
10	39	3.6	-9.3	-7.2	72.6	605.7	-0.7	10.8	-2.4	-0.2	1018.2

考虑到线性规划所基于生成轨迹的不确定性，因此我们也重点研究了基于ADP-LP算法的稳定性。首先，在表3-4的160个数值实验例子中，有10个数值实验例子的显著性低于99.95%，其中有5个对应于$L = 10$，有4个对应于$h^{(-)} = 39$。其次，当$h^{(-)}$增大时，T^L算法的性能不如其他算法。在L和$h^{(-)}$都很大的情况下，平均成本可能非常高。一般来说较高的L和$h^{(-)}$意味着一个较大的状态空间。在固定样本量的情况下，为了构建线性规划的约束和状态关联性权重，我们预计生成的轨道将发生更多变化。确实，在设置的每个参数背景下重复100次，我们观察到了这样一个趋势——在使用5 000个周期的样本轨道来生成所有实例的ADP-LP时，任何基于ADP-LP的算法得出的平均成本的标准差几乎总是随着L和$h^{(-)}$增加而增加。并且，相比于其他算法，T^L算法得出的平均成本的标准差随着$h^{(-)}$增加，增加得更快。在表3-5中，我们比较了一些选定情况下的LP-greedy算法和T^L算法。当$L = 10$，$h^{(-)} = 39$时，与LP-greedy算法相比，T^L算法下的平均成本变得非常不稳定。也就是说，当$h^{(-)}$增加时，会产生相同的结果，并且与LP-greedy算法或者其他算法相比，线性规划的变化会使得T^L算法下的平均成本产生更大的变化。如果我们将LP生成的样本轨道从5 000增加到100 000，那么T^L的标准差将会大大减少。因此这里明确的结论是：对于较高的L和$h^{(-)}$值，需要更多的样本来生成LP（特别是对于T^L启发式算法）。

表3-5　**在泊松需求下，LP-greedy算法和T^L算法长期平均成本标准差表**

L	$h^{(-)}$	LPg	T^L
4	4	0.0191	0.0062
4	9	0.0331	0.0089
4	19	0.0580	0.0715

续表

L	$h^{(-)}$	LPg	T^L
4	39	0.0929	0.2563
10	4	0.0313	0.0241
10	9	0.0336	0.0248
10	19	0.0270	0.4345
10	39	0.4885	43.9260

3.6 算法的渐进性结果

需求丢失的库存管理问题在交付周期L和需求丢失惩罚$h^{(-)}$下存在近似结果。一方面，Goldberg等（2016）证明，随着交付周期增加到无穷大，固定采购策略是接近最优的；另一方面，Huh等（2009）证明了当需求丢失惩罚成本增加时，订至点水平策略是渐进最优的。当相应的参数变大时，尽管这些渐进性结果并不一定意味着最优策略收敛于一个固定采购策略或者是订至点水平策略，但是这仍然值得我们去重点观察一下我们所设计的性能良好的启发式算法是否会呈现渐进最优性的趋势。

例如，在LP-greedy算法下，如果存在这种趋势，可以在LP-greedy算法中订购数量的线性系数$\boldsymbol{\kappa}$中观察到。一方面，如果所有的$\{\kappa_l\}_{l=0}^{L-1}$都接近于0，因为订购数量基本上是状态向量x的仿射，所以LP-greedy算法有一个趋向于固定采购量的趋势；另一方面，如果$\{\kappa_l\}_{l=0}^{L-1}$都接近于1，LP-greedy算法总是倾向于订至点水平策略。由于L和$h^{(-)}$的增加对于订购数量具有竞争性的影响，所以我们选择（$L=4$，$h^{(-)}=4$）作为基例，并增加一个参数L或$h^{(-)}$，同时保持另一个参数不变。表3-6和表3-7分别显示了L和$h^{(-)}$递增情况下的系数。为了便于比较，我们还给出了LP-贪婪系数的平均幅度，针对每种情况，$\bar{\kappa} = \frac{\sum_{l=0}^{L-1}\kappa_l}{L}$。从表中，我们确实观察到，随着$L$的增加，$\bar{\kappa}$和$\{\kappa_l\}_{l=0}^{L-1}$是递减的；随着$h^{(-)}$的增加，$\bar{\kappa}$和$\{\kappa_l\}_{l=0}^{L-1}$是递增的。

表3-6　**需求丢失下随着L增加，LP-greedy算法系数变化表**

泊松需求 $h^{(-)}=4$											
L	$\bar{\kappa}$	κ_0	κ_1	κ_2	κ_3	κ_4	κ_5	κ_6	κ_7	κ_8	κ_9
4	0.764	0.691	0.691	0.787	0.885						
6	0.628	0.530	0.530	0.586	0.643	0.707	0.774				
8	0.504	0.414	0.414	0.422	0.449	0.490	0.538	0.605	0.703		
10	0.359	0.287	0.287	0.288	0.293	0.305	0.324	0.357	0.409	0.473	0.564
几何需求 $h^{(-)}=4$											
L	$\bar{\kappa}$	κ_0	κ_1	κ_2	κ_3	κ_4	κ_5	κ_6	κ_7	κ_8	κ_9
4	0.648	0.566	0.566	0.675	0.786						
6	0.527	0.378	0.378	0.511	0.570	0.622	0.701				
8	0.412	0.281	0.281	0.345	0.395	0.428	0.459	0.511	0.599		
10	0.330	0.228	0.228	0.250	0.270	0.289	0.310	0.335	0.384	0.447	0.558

表3-7　**随着$h^{(-)}$增加的需求丢失模型系数变化表**

泊松需求，$L=4$					
$h^{(-)}$	$\bar{\kappa}$	κ_0	κ_1	κ_2	κ_3
4	0.764	0.691	0.691	0.787	0.885
9	0.812	0.752	0.752	0.836	0.909
19	0.849	0.794	0.794	0.875	0.932
39	0.851	0.785	0.785	0.890	0.943
几何需求，$L=4$					
$h^{(-)}$	$\bar{\kappa}$	κ_0	κ_1	κ_2	κ_3
4	0.648	0.566	0.566	0.675	0.786
9	0.781	0.705	0.705	0.815	0.900
19	0.847	0.816	0.816	0.859	0.897
39	0.901	0.881	0.881	0.911	0.932

3.7 本章小结

本章研究了具有正数交货期情况下（$L>0$）的多周期库存管理问题，其中我们假设每个时间周期中未被满足的需求丢失掉。我们首先通过构建问题模型的贝尔曼方程，利用一个二次函数去近似最优策略下的$L^{\natural}$凸性值函数，然后用近似动态规划的方法将这个动态规划问题转换成线性规划问题进行求解并得到近似后值函数的二次函数具体表达形式，进而得到线性规划贪婪（LP-greedy）算法，并以其为基础，进一步得到了LP-Greedy-2、$\boldsymbol{T}^{L}$、$\boldsymbol{T}^{L+1}$以及LP-$\hat{\boldsymbol{q}}$-greedy算法。最后，通过详细的数值实验验证了我们的算法比文献中所提及的启发式方法更为有效，同时也通过数值实验展示了LP-greedy的渐进最优性趋势。

第 4 章

近似动态规划在易变质品库存管理问题中的应用

4.1 问题描述与模型构建

本章我们考虑易变质品多周期的动态库存管理问题，供货提前期假设为Λ，即订单需要Λ周期才能达到。产品到达后，具有M个周期的寿命。该产品是根据“先进先出”（FIFO）规则来满足需求。未满足的需求则被积压。该系统的状态由一个$L=\Lambda+M-1$维向量$\boldsymbol{x}=\left(x_0, \cdots, x_{L-1}\right)$表示，其中$x_l\left(0\leqslant l\leqslant M-1\right)$是已经达到的库存，并且在当期结束后，剩余的寿命是$l$。$x_{M-1+l}\left(1\leqslant l\leqslant \Lambda\right)$是将在$l$期内到达的订单。例如，$x_0$是当期结束时将会失效的库存，$x_{M-1}$表达新到达的订单。任何超过$x_0$的需求都会被积压到$x_0$。注意，这只是为了方便表示状态，实际上延期订单是$\left[d-\sum_{l=0}^{M-1}x_l\right]^+$（即所有没被满足的需求）。在每期结束时，剩余寿命为0的库存必须以每单位成本θ进行处置。单位采购成本和库存持有成本仍然用c和$h^{(+)}$来表示，用$h^{(-)}$来表示单位延期订单成本。状态的动态变化表达式如下所示：

$$\boldsymbol{x}_+=\left(x_1-\left[d-x_0\right]^+, x_2, \cdots, x_{L-1}, z\right)$$

与需求丢失系统类似，系统的状态也可以用部分库存头寸（inventory position）$\boldsymbol{v}$向量来表示，其中$v_l=\sum_{\tau=0}^{l}x_\tau\left(0\leqslant l\leqslant L-1\right)$。用$y$来表示订至点水平$v_{L-1}+z$，状态$\boldsymbol{v}$的动态变化表达式可以表示为：

$$\boldsymbol{v}_+=\left(v_1, \cdots, v_{L-1}, y\right)-\left(v_0\vee d\right)e_L。$$

令

$$\begin{aligned}\chi^0(\boldsymbol{v})&=\mathbb{E}\left[h^{(+)}\left[v_{M-1}-v_0\vee d\right]^++h^{(-)}\left[v_{M-1}-d\right]^-+\theta\left[v_0-d\right]^+\right]\\&=\mathbb{E}\left[h^{(+)}\left[v_{M-1}-d\right]^++h^{(-)}\left[v_{M-1}-d\right]^-+\left(\theta-h^{(+)}\right)\left[v_0-d\right]^+\right]\end{aligned}$$

表示期望库存成本和处置成本，最优值函数$f(\boldsymbol{v})$满足：

$$f(\boldsymbol{v}) = \min_{y \geq v_{L-1}} \gamma^{\Lambda} c\left(y - v_{L-1}\right) + \chi^{0}(\boldsymbol{v}) + \gamma \mathbb{E}\left[f\left(\boldsymbol{v}_{+}\right)\right]$$

我们通过让$\hat{f}(\boldsymbol{v}) = f(\boldsymbol{v}) + cv_{L-1}$来进行一个变量转换。那么函数$\hat{f}(\boldsymbol{v})$满足下列递归式：

$$\hat{f}(\boldsymbol{v}) = \min_{y \geq v_{L-1}} \gamma^{\Lambda}\Big(\left(1 - \gamma\right)cy + \gamma cd\Big) +$$

$$\mathbb{E}\left[h^{(+)}\left[v_{M-1} - d\right]^{+} + h^{(-)}\left[v_{M-1} - d\right]^{-} + \hat{\theta}\left[v_{0} - d\right]^{+}\right] + \gamma \mathbb{E}\left[\hat{f}\left(\boldsymbol{v}_{+}\right)\right] \tag{4-1}$$

其中，$\hat{\theta} = \theta + \gamma^{\Lambda+1} c - h^{(+)}$。进一步令

$$\hat{\chi}^{0}(\boldsymbol{v}) = \mathbb{E}\left[h^{(+)}\left[v_{M-1} - d\right]^{+} + h^{(-)}\left[v_{M-1} - d\right]^{-} + \hat{\theta}\left[v_{0} - d\right]^{+}\right]$$

对应于一种不同的计算方法。这里我们采用持有和延期订单的正常库存成本和经过调整后的单位处置成本$\hat{\theta}$，那么上述递归式（4-1）变成了

$$\hat{f}(\boldsymbol{v}) = \min_{y \geq v_{L-1}} \gamma^{\Lambda}\Big(\left(1 - \gamma\right)cy + \gamma cd\Big) + \hat{\chi}^{0}(\boldsymbol{v}) + \gamma \mathbb{E}\left[\hat{f}\left(\boldsymbol{v}_{+}\right)\right]$$

注意，两种计算方法的最优代价函数仅相差cv_{L-1}（库存头寸的线性函数）。

即使交付周期为0（$\Lambda = 0$），状态空间仍然包括不同剩余生命周期的库存水平，因此它是多维的。但是，一个生命周期很长的产品（相当于高维状态空间的动态规划）并不是特别值得研究，这是因为它类似于不易变质产品。当产品的生命周期相对较短但交付期较长时，问题就变得非常有挑战性。

定理4.1 （$\boldsymbol{v}$状态下的易变质品库存模型满足$L^{\natural}$凸性）：易变质品库存系统中的值函数$f(\boldsymbol{v})$是$L^{\natural}$凸函数。

4.2 基准启发式算法

正如Karaesmen等（2011）所指出的，对于那些具有交付期，需

要进行定期审查的变质品库存管理系统问题，文献中没有太多相关的启发式算法研究。Chen等（2014）通过一项数值研究，在更广泛的框架（定价是决策的一部分）中刻画了优化算法的结构特征。但是，该研究仍然是侧重于交付期为0的情况。

受到Nahmias（1976）对交付期为0时问题研究的启发，我们提出了一种近似算法。这里的近似算法主要有两个目的。首先，这是与后面基于ADP-LP所设计的启发式算法相比较的基准。其次，如本书第3章中所述，我们的近似方法需要一些易于实现的算法来生成线性规划的状态样本。

我们定义的预期库存成和处置成本函数如下所示：

$$\hat{\chi}^0(\boldsymbol{v}, y) = \gamma^{\Lambda}\mathbb{E}\left[h^{(+)}\left[v_{M-1, +\Lambda} - d_{+\Lambda}\right]^+ + h^{(-)}\left[v_{M-1, +\Lambda} - d_{+\Lambda}\right]^-\right] + \gamma^L\hat{\theta}\mathbb{E}\left[\left[v_{0, +L} - d_{+L}\right]^+\right]$$

该式不是能够进行精确计算的闭合表达式，但该式可以通过蒙特卡罗积分来进行近似。我们通过反复模拟$\left\{d_{+l}\right\}_{l=0}^{L}$的轨迹，计算出了$\hat{\chi}(\boldsymbol{v}, y)$被积函数，并且通过求平均值，得到了一个$\hat{\chi}^{MC}(\boldsymbol{v}, y)$的近似值。MyopicMC算法下设置的订至点水平为：

$$y^{MyopMC}(\boldsymbol{v}) = \underset{y \geqslant v_{L-1}}{\arg\min}\left\{(1-\gamma)\gamma^{\Lambda}cy + \hat{\chi}^{MC}(\boldsymbol{v}, y)\right\}$$

4.3 算法设计

现在我们提出了基于ADP-LP的启发式算法，其中许多算法与本书第3章中需求丢失问题中的启发式算法具有相似的逻辑。

4.3.1 线性规划贪婪算法（LP-Greedy Policy）

易变质品库存模型的LP-greedy策略与需求丢失模型中的相应策

略是非常相似的。定义向量$\boldsymbol{\xi}=(\xi_0, \cdots, \xi_{L-1})$和标量$\varsigma$：

$$\xi_0=\frac{\tilde{\mu}_{L-1}}{\bar{\mu}}, \ \xi_l=\frac{2\tilde{\mu}_{l-1, L-1}}{\bar{\mu}}(l=1, \cdots, L-1), \ \varsigma=\frac{-(\gamma^{L-M}c+\tilde{\lambda}_{L-1})}{2\bar{\mu}}$$

其中，$\bar{\mu}=\tilde{\mu}_{L-1}+2\sum_{l}^{L-2}\tilde{\mu}_{l, L-1}$。基于近似结果$\tilde{f}^{ADP}(\boldsymbol{v})=\boldsymbol{v}^T\tilde{\boldsymbol{Q}}\boldsymbol{v}+\tilde{\boldsymbol{\lambda}}^T\boldsymbol{v}+\tilde{\nu}$，LP-greedy算法设定的订至点水平是

$$y^{LPg}(\boldsymbol{v})=\max\{v_{L-1}, \hat{y}^{LPg}\}$$

其中

$$\hat{y}^{LPg}(\boldsymbol{v})=argmin\left\{\gamma^{\Lambda}c(y-v_{L-1})+\hat{\chi}^0(\boldsymbol{v})+\gamma\mathbb{E}\left[\mathbf{v}_+^T\tilde{\boldsymbol{Q}}\boldsymbol{v}_++\tilde{\boldsymbol{\lambda}}^T\boldsymbol{v}_++\tilde{\nu}\right]\right\}$$

$$=argmin\left\{\gamma\tilde{\boldsymbol{Q}}_{L, L}y^2+2\gamma\left(\tilde{\boldsymbol{Q}}_{L, 1:L-1}\boldsymbol{v}_{1:L-1}-e_L^T\tilde{\boldsymbol{Q}}_{1:L, L}\mathbb{E}[v_0\vee d]\right)y+\left(\gamma^{\Lambda}c+\gamma\tilde{\boldsymbol{\lambda}}_{L-1}\right)y\right\}$$

$$=\xi_0\mathbb{E}[v_0\vee d]+\boldsymbol{\xi}_{1:L-1}^T\boldsymbol{v}_{1:L-1}+\varsigma。$$

注意，$\boldsymbol{\xi}\geqslant 0$以及$\sum_{l=0}^{L-1}\xi_l=1$。因此，在LP-greedy算法下，订至点水平是$(\mathbb{E}[v_0\vee d], v_1, \cdots, v_{L-1})$加一个常数的加权和。

我们再次从订购数量z出发，将z看作原始状态$\boldsymbol{x}$的一个函数。令$\boldsymbol{\kappa}=(\kappa_0, \cdots, \kappa_{L-1})$与本书第3章中的（3-2）公式相同，我们得到

$$z^{LPg}(\boldsymbol{x})=\max\{0, \hat{z}^{LPg}(\mathbf{x})\}$$

$$\hat{z}^{LPg}(\mathbf{x})=\varsigma-\boldsymbol{\kappa}_0\left(x_0-\mathbb{E}[v_0\vee d]\right)-\boldsymbol{\kappa}_{1:L-1}^T\boldsymbol{x}_{1:L-1}$$

与需求丢失的库存管理问题类似，我们得到$0\leqslant\boldsymbol{\kappa}_0=\boldsymbol{\kappa}_1\leqslant\cdots\leqslant\boldsymbol{\kappa}_{L-1}\leqslant 1$，以及$0\leqslant\frac{d\mathbb{E}[x_0\vee d]}{dx_0}\leqslant 1$。因此，

$$-1\leqslant\frac{d\hat{z}^{LPg}}{dx_{L-1}}\leqslant\cdots\leqslant\frac{d\hat{z}^{LPg}}{dx_0}\leqslant 0$$

这与Chen等（2014）提出的最优采购量具有的单调性一致。

4.3.2 T^{Λ} 算法

我们可以采用与本书第3章中计算 T^{L} 启发式算法相同的操作进行二次近似。但是在这个问题中，我们不能够以线性二次型的方式将无约束动态规划算子应用 L 次，只能应用 $\Lambda = L - M + 1$ 次。我们取第 Λ 次迭代的解，并将其置于非负约束下。我们将结果称为 T^{Λ} 算法。

递归定义公式 $\tilde{f}^{(l)}(l = 0，\cdots，L - M)$ 为

$$\tilde{f}^{(0)}(\boldsymbol{v}) = \tilde{f}^{ALP}(\boldsymbol{v})$$

$$\tilde{f}^{(l)}(\boldsymbol{v}) = \min_{z}\left\{\gamma^{\Lambda} cz + \chi^{0}(\boldsymbol{v}) + \gamma E\left[\tilde{f}^{(l-1)}(\boldsymbol{v}_{+})\right]\right\} \quad l = 1，\cdots，L - M \tag{4-2}$$

易变质品库存管理问题中的 T^{Λ} 算法下设置的订购数量的表达式如下所示，

$$z^{T^{\Lambda}} = \arg\min_{z \geqslant 0}\{\gamma^{\Lambda} cz + \chi^{0}(\boldsymbol{v}) + \gamma \mathbb{E}[\tilde{f}^{(L-M)}(\boldsymbol{v}_{+})\}$$

命题 4.1 基于近似定义的标量 $\varsigma^{T^{\Lambda}}$ 和向量 $\boldsymbol{\kappa}_{1:M-1}^{T^{\Lambda}}$，$T^{\Lambda}$ 算法下的订购量是：

$$z^{T^{\Lambda}} = [\varsigma^{T^{\Lambda}} - (-\kappa_{1}^{T^{\Lambda}}\mathbb{E}\left[\rho_{+\Lambda-1}^{-}\right] + \boldsymbol{\kappa}_{1:M-1}^{T^{\Lambda}} x_{\Lambda:L-1})]^{+}$$

当 $M = 1$ 时，

$$z^{T^{\Lambda}} = \left[\varsigma^{T^{\Lambda}} + \mathbb{E}\left[\rho_{+\Lambda-1}^{-}\right]\right]^{+}$$

这种一般形式与LP-greedy算法的订购数量有一些相似之处。注意 $-\mathbb{E}\left[\rho_{+0}^{-}\right]$ 是 $\left(x_{0} - \mathbb{E}\left[x_{0} \vee d\right]\right)$ 的精确表达。它们的不同之处在于，在 T^{Λ} 算法中，状态向量中的前 Λ 个元素是以非线性的形式组合在 $\mathbb{E}\left[\rho_{+\Lambda-1}^{-}\right]$ 中。T^{Λ} 启发式算法仍然可以被解释为一个订至点水平算法，其中基本库存水平 $\varsigma^{T^{\Lambda}}$ 以及库存头寸在状态向量 $\boldsymbol{x}$ 中的前 Λ 个元素中是非线性的，在最后 $M - 1$ 个元素中是线性的。当 $M = 1$ 时，此算法是一种特殊的基准库存策略。订购数量是基本库存水平 $\varsigma^{T^{\Lambda}}$ 加上一个非负项 $\mathbb{E}\left[\rho_{+\Lambda-1}^{-}\right]$，这本质上是预测 $\Lambda - 1$ 期后积压的订单。因为生命周

期只有一个周期，所以过剩的库存在该期结束后都会过时变质。因此，订购数量不取决于预测的$\rho^{-}_{+\Lambda-1}$。

4.3.3 $T^{\Lambda+1}$算法

类似于需求丢失模型中的T^{L+1}算法，针对易变质品问题，我们得出以下$T^{\Lambda+1}$算法。该算法不具有闭合形式的表达式，并且需要通过一维搜索算法来求解。该算法下订购数量的表达式是

$$z^{T^{\Lambda+1}} = \arg\min_{z \geq 0} \{ \gamma^{\Lambda} cz + \chi^{0}(\boldsymbol{v}) + \gamma \mathbb{E} [\tilde{f}^{\Lambda}(\boldsymbol{v}_{+})] \}。$$

4.4 数值实验

在易变质品库存模型的数值验证中，成本参数的设置与Chen等（2014）设置得一致。采购成本c，库存持有成本$h^{(+)}$，以及处置成本分别设置为22.15，0.22以及5。延期订单成本$h^{(-)}$在$\{1.98，4.18，10.78，21.78\}$中取值。状态的维度$L$（新订单的总寿命）在$\{4，6，8，10\}$中取值。我们将现有生命周期$\Lambda$设置为2。注意，由于Chen等（2014）的研究是关于易变质品系统中库存定价联合决策问题，因此本书的需求模型是随机的。我们假设需求d服从［0，20］上的截断正态分布，期望需求等于10。变异系数($c.v.$)用于控制标准差和预期需求之间的比率。为了使需求的标准差在$\{2，6，10\}$中，我们在$\{0.2，0.6，1.0\}$对$c.v.$取值进行验证实验。我们使用MyopicMC作为近似线性规划的生成算法，以及作为比较参照算法的基准启发式算法。

表4-1分别列出了每种情况下，LP-greedy算法、T^{Λ}算法相对于MyopicMC算法的长期平均成本。我们还通过对100个独立需求样本轨迹进行重复模拟，进行了与需求丢失模型相同的稳健型检验，并且在

表4-2中列出了LP-greedy算法、T^A算法相对于MyopicMC算法的性能优势的t统计量。我们注意到，除了少数例外，基于ADP-LP的算法在大多数情况下都是优于MyopicMC算法。当延期订单成本$h^{(-)}=1.98$时，T^A算法下的平均成本要高于LP-greedy算法和MyopicMC算法。然而，我们观察到，当$h^{(-)}$较高时，T^A算法显著优于LP-greedy算法和MyopicMC算法。有意思的是，这与需求丢失模型下的T^L算法完全相反。在需求丢失模型中，当$h^{(-)}$较低时，T^L算法总是表现得更好，当$h^{(-)}$较高时，T^L算法就会变得不稳定。需求丢失模型下的低$h^{(-)}$和易变质品系统的高$h^{(-)}$有共同的特点。在这两种情况中，系统都倾向于停留在这样一种状态，即该状态更像是一个不易变质品的延期订单系统。

表4-1　　**平均成本表（易变质品库存）**

		$c.v=0.2$			$c.v=0.6$			$c.v=1.0$		
L	$h^{(-)}$	LPg	T^A	Myop	LPg	T^A	Myop	LPg	T^A	Myop
4	1.98	224.86	224.93	224.71	241.05	241.97	241.51	245.57	248.8	246.34
4	4.18	225.99	226.03	226.07	250.24	250.07	252.37	257.46	257.12	260.27
4	10.78	228.01	228.02	228.35	265.51	264.37	208.87	276.33	274.83	280.66
4	21.78	230.33	230.23	230.46	277.44	275.84	283.26	290.68	288.59	298.24
6	1.98	225.98	226.15	226.12	244.22	246.91	246.34	249.35	261.41	251.83
6	4.18	227.71	227.8	228.24	255.51	254.49	258.8	263.65	262.3	267.14
6	10.78	230.86	230.65	231.61	271.83	269.55	278.6	283.59	280.35	292.56
6	21.78	234.52	233.97	234.48	285.23	281.45	293.21	298.54	294.31	309.08
8	1.98	226.91	227.13	227.28	246.87	254.77	249.7	252.41	273.65	255.94
8	4.18	229.13	229.12	230	259.42	257.32	263.71	268.1	265.4	273.53
8	10.78	233.12	232.65	234.11	276.17	272.5	284.72	288.74	283.39	298.93
8	21.78	238.05	236.86	238.09	291.04	284.63	301.51	304.51	297.47	318.93
10	1.98	227.72	227.88	228.56	249.17	269.25	253.03	255.05	280.38	259.53

续表

		$c.v$ = 0.2			$c.v$ = 0.6			$c.v$ = 1.0		
L	$h^{(-)}$	LPg	T^A	Myop	LPg	T^A	Myop	LPg	T^A	Myop
10	4.18	230.33	230.16	231.4	262.51	259.32	267.71	271.4	267.23	277.64
10	10.78	236.46	234.2	236.25	279.89	274.49	290.23	293.62	285.42	304.21
10	21.78	243.88	239.33	240.72	300.58	286.79	306.7	313.28	299.63	324.6

表 4-2　　**易变质品启发式算法的 t 统计量表**

		$c.v$ = 0.2		$c.v$ = 0.6		$c.v$ = 1.0	
L	$h^{(-)}$	LPg	T^A	LPg	T^A	LPg	T^A
4	1.98	-4.7551	-6.3257	4.5885	-2.1685	6.3204	-4.1688
4	4.18	2.3148	1.1465	10.019	10.537	10.934	12.282
4	10.78	7.7759	7.4161	10.56	14.174	11.346	15.396
4	21.78	2.2577	3.4041	13.05	16.565	13.945	17.388
6	1.98	3.6684	-0.70604	12.923	-0.75871	12.287	-2.9973
6	4.18	7.6742	6.1699	11.63	15.354	10.781	12.554
6	10.78	8.2074	10.41	15.343	20.156	13.819	19.071
6	21.78	-0.30936	4.5421	11.611	17.021	12.579	17.946
8	1.98	8.6283	3.3565	14.804	-2.4808	12.11	-3.1852
8	4.18	10.9	10.756	11.075	16.604	11.476	18.699
8	10.78	10.301	14.827	14.269	21.533	14.065	22.433
8	21.78	0.21057	7.093	11.859	19.287	13.662	20.915
10	1.98	10.28	8.1559	11.896	-3.0898	11.297	-2.7291
10	4.18	11.757	13.693	13.563	22.531	11.985	22.229
10	10.78	-0.19159	15.001	17.282	27.993	13.444	26.455
10	21.78	-1.9308	5.8268	2.7231	21.327	5.4524	22.712

4.5 本章小结

本章研究了具有正数交货期情况下易变质品的多周期库存管理问题，其中我们假设每个时间周期中未被满足的需求可以被延期满足。我们先通过构建问题模型的贝尔曼方程，利用一个二次函数去近似最优策略下的$L^\natural$凸性值函数，然后用近似动态规划的方法将这个动态规划问题转换成线性规划问题，进行求解并得到近似后值函数的二次函数具体表达形式，从而得到线性规划贪婪（LP-greedy）算法，并以LP-greedy为基础，进一步得到了T^Λ以及$T^{\Lambda+1}$算法。最后我们通过详细的数值实验验证我们的算法比文献中所提及的启发式方法更为有效。

第 5 章

近似动态规划在双源采购问题中的应用

5.1 问题描述与模型构建

现实中的很多企业都采用双源采购来作为自己的库存控制策略。在双源采购策略下，企业通常能够从常规供应商处以更低的成本来采购商品，在特别的紧急状况下，企业也可以更短的供应提前期从紧急供应商那里补货以避免将来的缺货。这种双源采购模式有助于企业在减少成本的同时保证产品的供应。常规供应商和紧急供应商可以是不同的供应商，如企业的全球采购和本地采购。比如Allon和Van Mieghem（2010）描述了美国一家市场规模为100亿美元的无线传输零部件生产商的例子，这家企业有两个供应商：一个在墨西哥，另一个在中国。在墨西哥的供应商有较短的供货提前期但是订货成本较高；在中国的供应商有较长的供货提前期（是墨西哥的5~10倍）但订货成本较低。面临波动性比较大的市场需求，只从一个地方采购就没有吸引力：只从中国采购供货会不及时，响应速度慢；只从墨西哥采购则太贵。实践表明，根据不同的条件，采取双源采购策略并从中国采购总产品数量的50%到100%时，总成本最低。同样地，服装时尚品牌Zara也同时通过不同的工厂来进行生产：从亚洲的工厂进行生产供应提前期很长，但具有成本优势；而通过欧洲的工厂进行生产供应提前期较短，可以帮助企业紧跟市场潮流，但成本较高。

双源采购问题中的常规供应商和紧急供应商也可以被认为是同一供应商两种不同的交付运输方式。如图5-1中所示，惠普分别从新加坡的工厂通过海运和空运两种运输方式来采购产品以满足各个不同地方的需求。海运运输成本低但运输时间长，空运成本高但运输时间很短。

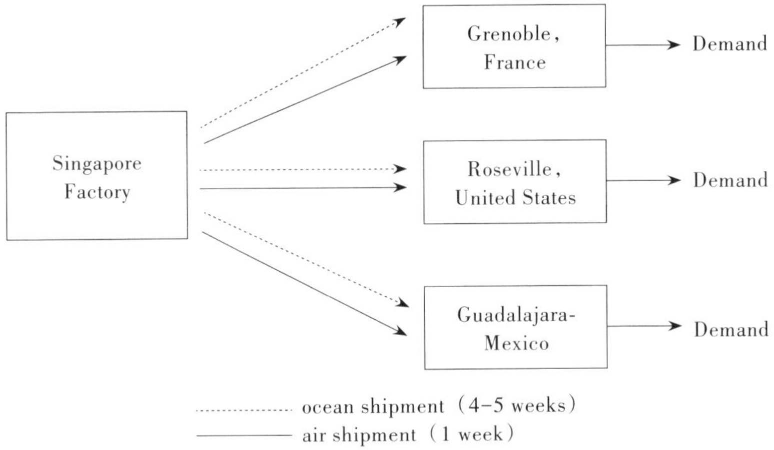

图5-1 惠普采用两种不同运输方式的双源采购策略

本章研究企业常规采购和紧急采购的双源采购问题。在每一个时间周期内，企业可以同时从供应提前期较长但采购成本较低的常规供应商以及从供应提前期较短但采购成本较高的紧急供应商处采购。我们假设企业可以分别从两种供应商处订货任意数量的产品，即不考虑由于自然灾害、市场波动、运输中断等因素所造成的供应端风险。当前周期未满足的需求积压需要在未来进行延期交付（backlogging）。企业的决策目的是找到一种有效的采购策略以最小化整个计划期中的平均总成本（包括采购成本、库存成本、延期交付成本）。

本章考虑了常规供应商和紧急供应商的供货提前期任意时的双源采购问题。尽管任意提前期下的双源采购问题在现实中非常普遍，但过去很多年来一直是困扰学术界的难题。主要原因是这样的双源采购问题需要利用多维的随机动态规划进行建模，而通过传统值迭代（value iteration）的方法求解多维随机动态规划会遭遇“维数灾难”。我们通过一些模型中的变量转换，证明了任意供应提前期下双源采购问题的值函数具有$L^{\natural}$凸性。然后，我们基于$L^{\natural}$凸性值函数的二次近似设计了线性规划贪婪算法，把每个阶段的决策问题转化为一维优化问题。最后，通过详细的数据实验来验证我们所设计的启发式算法的有效性，实验结果表明我们的算法比目前学术界针对此问题提出的几种启发式算法有更好的性能。

本章考虑企业在多周期时间背景下上进行单个产品周期性检查（periodic review）的采购决策。产品可以分别从两种供应商处进行采购：常规供应商的供货提前期为l_r，单位采购成本为c_r；紧急供应商的供货提前期为l_e，单位采购成本为c_e，其中$l_r > l_e \geq 0$。当不考虑供应商风险时，双源采购文献中一个典型的假设是$c_e > c_r$（Veeraraghavan and Scheller-Wolf，2008；Sheopuri，Janakiraman，and Seshadri，2010），否则企业将仅仅从紧急供应商处进行单源采购，常规供应商没有任何价值。我们假设企业采购时没有固定采购成本，每个时间周期t的随机需求d_t在时间上是独立同分布的，均值为$\bar{d}$。为了方便起见，用$d_{[t,\ t+l]}$表示从时间周期t到周期$t+l$的总需求，即$d_{[t,\ t+l]} = d_t + \cdots + d_{t+l}$。

在第t个采购周期上，时间发生顺序如下：在时间周期t初，之前从供应商处采购的产品（$q^r_{t-l_r}$，$q^e_{t-l_e}$）到达企业里，企业观测到期初库存水平x^0_t（包括刚刚到达企业的订单$q^r_{t-l_r}$，$q^e_{t-l_e}$）以及从两个供应商处订购但还未到达的在途库存订单（即$q^r_{t-l_r+1}$，…，q^r_{t-1}和$q^e_{t-l_e+1}$，…，q^e_{t-1}）；然后，企业同时决定常规订单q^r_t和紧急订单q^e_t；最后，企业在时间周期t的随机需求得到实现，企业尽量用手上具有的库存来满足实现的需求，多余的库存被转移到下一个时间周期$t+1$并产生存储成本，没有被满足的需求则需要延迟交付而产生缺货成本，其中单位存储成本为h^+，单位缺货成本为h^-。

在采购周期t，系统状态可以用$\mathbf{s}_t = (s_{t,\ 0}, \cdots, s_{t,\ l_r-1})$来表示，其中$s_{t,\ 0}$代表时间周期$t$初企业手上目前所拥有的库存量，$s_{t,\ i}$为手上目前所拥有的库存加上那些在$i$周期之后将要达到企业的总的在途库存

$(i=1,\cdots,l_r-1)$，并且$s_{t,0}\leqslant s_{t,1}\leqslant\cdots\leqslant s_{t,l_r-1}$。这里当$1\leqslant i\leqslant l_e-1$时，$s_{t,i}=s_{t,0}+\sum_{u=t-l_e+1}^{t-l_e+i}q_u^e+\sum_{u=t-l_r+1}^{t-l_r+i}q_u^r$；当$l_e\leqslant i\leqslant l_r-1$时，$s_{t,i}=s_{t,0}+\sum_{u=t-l_e+1}^{t-1}q_u^e+\sum_{u=t-l_r+1}^{t-l_r+i}q_u^r$。企业在第$t$个采购周期总的状态空间用$\mathcal{S}_t$来表示，在实数状态空间中$\mathcal{S}_t=\{\mathbf{s_t}\in\Re^{l_r}|s_{t,0}\leqslant s_{t,1}\leqslant\cdots\leqslant s_{t,l_r-1}\}$；在整数状态空间中$\mathcal{S}_t=\{\boldsymbol{s}_t\in\mathcal{Z}^{l_r}|s_{t,0}\leqslant s_{t,1}\leqslant\cdots\leqslant s_{t,l_r-1}\}$。定义$y_t=s_{t,l_r-1}+q_t^r$，$u_t=-q_t^e$作为在时间周期$t$内新的决策变量，我们将在后面定理的证明中解释为何做这样的变量转换。企业从两个供应商处采购的订单至少要经过l_e个时间周期后才能到达，因此我们只需要$(s_{t,l_e},\cdots,s_{t,l_r-1})$即可完全刻画企业做决策时的状态空间。定义$z_{t,i}=s_{t,i+l_e-1}$，$i=1,\cdots,L$，其中$L=l_r-l_e$，这样整个系统在时间周期$t$的状态空间可以用$\boldsymbol{z}_t=(z_{t,1},\cdots,z_{t,L})$来表示。我们用$\overline{\mathcal{Z}_t}=\{\boldsymbol{z}_t\in\mathcal{Z}^L|z_{t,1}\leqslant z_{t,2}\leqslant\cdots\leqslant z_{t,L}\}$来表示系统状态$\boldsymbol{z}$的整个状态空间。系统状态的动态转移方程为：

$$\boldsymbol{z}_{t+1}=[(z_{t,2},\cdots,z_{t,L},y_t)-(d_t+u_t)\mathbf{e}]$$

其中，e是所有元素为l的向量，向量的维数根据上下文决定，在这里$\boldsymbol{e}$为L维向量。

$\alpha\in(0,1]$为折现因子，同时定义整个计划期最后的值函数$v_{T+L+1}(\boldsymbol{z})=0$对任意的$\boldsymbol{z}$均成立。随机动态规划的最优Bellman方程如下所示：当$t=1,\cdots,T+L$时

$$v_t(\boldsymbol{z}_t)=\min_{y_t\geqslant z_{t,L},\ u_t\leqslant 0}g_t(\boldsymbol{z}_t,y_t,u_t)\tag{5-1}$$

其中，

$$g_t(\boldsymbol{z}_t,y_t,u_t)=c_r(y_t-z_{t,L})-c_eu_t+B(z_{t,1}-u_t)+\alpha\mathrm{E}[v_{t+1}(\boldsymbol{z}_{t+1})]\tag{5-2}$$

并且，

$$B(x) = \alpha^{l_e} E[h^+(x - d_{[t, t+l_e]})^+ + h^-(d_{[t, t+l_e]} - x)^+]$$

在上面的模型$B(x)$中，我们将在时间周期$t + l_e$的库存成本（包括可能的存储成本或者延迟交付成本）折现到时间周期t。$y_t(\boldsymbol{z}_t)$和$u_t(\boldsymbol{z}_t)$分别代表系统中在第t个时间周期的最优解，$q_t^r(\boldsymbol{z}_t)$和$q_t^e(\boldsymbol{z}_t)$分别代表相应的常规采购订单和紧急采购订单。因此$q_t^r(\boldsymbol{z}_t) = y_t(\boldsymbol{z}_t) - z_{t, L}$，$q_t^e(\boldsymbol{z}_t) = -u_t(\boldsymbol{z}_t)$。

式（5-1）中的Bellman方程在一般意义上表述了最优解应该满足的条件，如果我们能够在每个时间周期t得到此问题的最优解，那么整个多周期的双源采购问题可以用经典的逆向归纳法来求解。然而，本章所研究的双源采购问题建立在任意供应提前期的背景下，随机动态规划模型的状态依赖于两个供应商提前期差异L，当$L > 1$时，这是一个多维的随机动态规划问题，因此直接用经典的逆向归纳法来求解Bellman方程会由于所谓的“维数灾难”而变得不可行。

在本章中，我们首先证明$v_t(\boldsymbol{z})$是$L^\natural$函数，然后基于$L^\natural$函数的二次近似来设计启发式算法，进一步求解双源采购问题中的多维随机动态规划模型。

定理5.1 对于任意的时间周期t，$v_t(\boldsymbol{z}_t)$在$\boldsymbol{z} \in \overline{\mathcal{Z}}_t$是$L^\natural$凸性函数，优化解（$y_t(\boldsymbol{z}_t)$，$u_t(\boldsymbol{z}_t)$）是关于$\boldsymbol{z}_t$的单调增函数但具有有限的灵敏性，即对任意的$\omega > 0$，我们有：

$$y_t(\boldsymbol{z}_t) \leqslant y_t(\boldsymbol{z}_t + \omega \mathbf{e}) \leqslant y_t(\boldsymbol{z}_t) + \omega,\ u_t(\boldsymbol{z}_t) \leqslant u_t(\boldsymbol{z}_t + \omega \mathbf{e}) \leqslant u_t(\boldsymbol{z}_t) + \omega \tag{5-3}$$

证明 用数学归纳法来证明上面的定理。首先，在最后的时间周期，根据假设$v_{T+L+1}(\boldsymbol{z}_t) = 0$；然后假设$v_{t+1}$是$L^\natural$凸性函数，根据本书第2章中引理2.2，对于任意给定的d_t，$v_{t+1}[(z_{t,2}, \ldots, z_{t,L}, y_t) - (d_t + u_t)\boldsymbol{e}]$是关于$(\boldsymbol{z}_t, y_t, u_t)$的$L^\natural$凸性函数，这样$\alpha v_{t+1}[(z_{t,2}, \ldots, z_{t,L}, y_t) - (d_t + u_t)\boldsymbol{e}]$也是$L^\natural$凸性函数。根据本书第2章引理2.1，可以得到式（5-

2）中的其他参数项也是关于(z_t, y_t, u_t)的$L^\natural$凸性函数（这也就是为什么我们定义新的决策变量$u_t=-q_t^e$）。因此g_t是关于(z_t, y_t, u_t)的$L^\natural$凸性函数，根据引理2.1可知问题（5-1）的约束集合是$L^\natural$凸性集，因此根据本书第2章引理2.2可以得到$v_t(z_t)$是$L^\natural$凸性函数，同时满足式（5-3）中所刻画的不等式。

证明完毕。

5.2 算法设计

本节介绍怎样利用$L^\natural$凸性函数的二次近似和近似动态规划中线性规划的途径来设计启发式算法。

5.2.1 近似动态规划的线性规划表述

由于“维数灾难”，多维的随机动态规划问题通常存在数量非常多的状态，这样使得用传统的逆推迭代方法来解决动态规划问题就变得不再可行，同时学术界也对此类问题的一些近似方法做了探索。首先，我们给出动态规划模型的精确线性规划表述，这种处理方法通常需要求解一个含有一些变量但却存在非常多个约束的线性规划问题。

当动态规划模型中可能存在的状态数量以及相应的决策集是有限的，那么对离散时间无穷周期的动态规划问题就存在一个精确的线性规划表述。

在本章所研究的双源采购问题式（5-1）中，相应的精确线性规划表述为：

$$\max \sum_{z \in \mathcal{Z}} \omega_z v(z)$$

$$\text{S.t.}\ \ v(z) \leqslant c_r(y-z_L) - c_e u + B(z_1 - u) + \alpha E[v(z_+)] \quad \forall z \in \mathcal{Z},\ \ y \geqslant z_L,\ \ u \leqslant 0,$$

其中，$z_+ = [(z_2, \cdots, z_L, y) - (d_t + u)\boldsymbol{e}]$，$\mathcal{Z}$ 代表状态空间，$\{\omega_z\}_{z \in \mathcal{Z}}$ 为各个状态所对应的权重。在这样精确的线性规划表述中，权重可以是任意正数（De Farias and Van Roy，2003）。虽然状态所对应的决策集为 $\{(y, u) | (y \geqslant z_L, u \leqslant 0)\}$ 是无限的，但是我们可以根据实际情况人为地为双源采购问题设置界限使得相应的决策集变为有限的。然而上面精确的线性规划表述仍然包含太多的决策变量和约束，因此直接求解这样一个线性规划仍然不可行。在本章中，我们应用本书第3章中命题3.1的二次近似方法来近似动态规划中的值函数 $v(\boldsymbol{z})$，然后求解这样一个近似的线性规划来得到二次近似函数中相应的系数 $\{\mu_l\}_{l=1}^{L}$，$\{\mu_{lk} | l < k \leqslant L\}$，$\{\lambda_l\}_{l=1}^{L}$，$\nu$。当求解这样一个近似线性规划时，各个状态所对应的权重 ω_{z} 的不同选择能够影响二次近似后解的质量。此外，对原来的动态规划问题应用二次近似后所得到的近似线性规划仅仅有 $(L+1)(L+2)/2$ 个决策变量但仍然有太多的约束。De Farias 和 Van Roy（2003，2004）提出，状态所对应的权重应该尽量接近使用优化策略时所产生的稳定状态对应的权重；关于近似线性规划中约束的选择，使用一个表现良好的策略所产生的样本约束集是求解近似线性规划时所对应约束集的一个非常合理的选择。因此总的来说，为了求解得到二次近似 $\tilde{f}(\boldsymbol{z})$ 中 $(L+1)(L+2)/2$ 个系数，我们最后要求解的近似线性规划为：

$$
\begin{aligned}
&\max_{\substack{\{\mu_l\}_{l=1}^{L} \\ \{\mu_{lk} | l < k \leqslant L\} \\ \{\lambda_l\}_{l=1}^{L},\ \nu}} \sum_{\mathbf{z} \in \overline{\mathcal{Z}}_{\hat{p}}} \Big(\sum_{l=1}^{L} \mu_l z_l^2 + \sum_{l,\ k:\ l < k \leqslant L} \mu_{lk} (z_l - z_k)^2 + \sum_{l=1}^{L} \lambda_l z_l + \nu \Big) \\
&S.t. \sum_{l=0}^{L-1} \mu_l z_l^2 + \sum_{l,\ k:\ l < k \leqslant L} \mu_{lk} \left(z_l - z_k\right)^2 + \sum_{l=0}^{L} \lambda_l z_l + \nu \\
&\leqslant \alpha E\left[\sum_{l=0}^{L-1} \mu_l \mathbf{z}_{l,\ +}^2 + \sum_{l,\ k:\ l < k \leqslant L} \mu_{lk} \left(z_{l,\ +} - z_{k,\ +}\right)^2 + \sum_{l=0}^{L} \lambda_l z_{l,\ +} + \nu \right] + \\
&c_r\left(y - z_L\right) - c_e u + B\left(z_1 - u\right) \qquad \forall \boldsymbol{z} \in \overline{\mathcal{Z}}_{\hat{p}},\ y \geqslant z_L,\ u \leqslant 0 \qquad (5\text{-}4)
\end{aligned}
$$

$\mu_l \geqslant 0 \forall l = 0, \cdots, L$

$\mu_{lk} \geqslant 0 \forall l, k: l < k \leqslant L,$

其中，$\hat{p}$ 是双源采购问题中某个性能优异的启发式算法，$\overline{\mathcal{Z}}_{\hat{p}}$ 是在启发式策略 $\hat{p}$ 下所产生的一个比较长周期的样本状态轨迹(trajectory)。这里，严格来说，$\overline{\mathcal{Z}}_{\hat{p}}$ 不是一个集合，它代表在启发式策略 $\hat{p}$ 下模拟系统所产生的状态踪迹，因此在上面的近似线性规划中，直接在 $\overline{\mathcal{Z}}_{\hat{p}}$ 求和就可以代表各个出现的状态所对应的权重。

定义 $\{\tilde{\mu}_l\}_{l=1}^L$，$\{\tilde{\mu}_{lk} | l < k \leqslant L\}$，$\{\tilde{\lambda}_l\}_{l=1}^L$，$\tilde{\nu}$ 为上面近似线性规划(5-4)的最优解。这样我们就得到了随机动态规划模型中值函数 $f(z)$ 的二次近似，写成更方便的矩阵表述为：

$$\tilde{f}^{ADP}(\boldsymbol{v}) = \mathbf{z}^{\mathrm{T}} \tilde{\boldsymbol{Q}} \boldsymbol{z} + \tilde{\boldsymbol{\lambda}}^{\mathrm{T}} z + \tilde{\nu}$$

其中，向量 $\tilde{\boldsymbol{\lambda}}$ 为：

$$\tilde{\boldsymbol{\lambda}} = \left(\tilde{\lambda}_1, \tilde{\lambda}_2, \cdots, \tilde{\lambda}_L\right),$$

矩阵 $\tilde{\boldsymbol{Q}}$ 为：

$$\tilde{\boldsymbol{Q}} = \sum_{i=1}^{L} \tilde{\mu}_i \boldsymbol{E}_{(i)} + \sum_{i, j: i \neq j} \tilde{\mu}_{ij} \boldsymbol{E}_{(ij)}$$

除此之外，本章用 $\tilde{Q}_{m:n, p:q}$ 来表示矩阵 $\tilde{Q}$ 中第 m 行到第 $n-th$ 行之间，第 p 列到第 q 列之间的子矩阵。

5.2.2 基于二次近似的启发式算法

在本小节中，我们基于上面近似线性规划(5-4)中所得到的二次近似 $\tilde{f}^{ADP}$ 为双源采购问题提出“线性规划贪婪”算法。“线性规划贪婪”策略如下所示：

$$\left(y^{LPg}(z), u^{LPg}(z)\right) = \arg\min_{y \geqslant z_L, u \leqslant 0} \{c_r\left(y - z_L\right) - c_e u + B\left(z_1 - u\right) + \alpha E\left[\tilde{f}^{ADP}\left(z_+\right)\right] \tag{5-5}$$

其中，$B(x)=\alpha^{l_e}E\left[h^+\left(x-d_{[t,\ t+l_e]}\right)^+ + h^-\left(d_{[t,\ t+l_e]}-x\right)^+\right]$，$z_+=\left(z_2,\ \cdots,\ z_L,\ y\right)-\left(d_t+u\right)\boldsymbol{e}$。我们可以进一步简化这个二维凸优化问题的计算并给出下面的定理：

定理5.2 在每个时间周期，求解来自两种供应商的最优订货量 $q^r=y-z_L$，$q^e=-u$ 可以被转化为一个关于 u 的一维优化问题。

证明 给定紧急订单 u，定义

$$\hat{y}=\arg\ min\{c_r\left(y-z_L\right)-c_e u+B\left(z_1-u\right)+\alpha E\left[\tilde{f}^{ADP}\left(z_+\right)\right]\}$$

其中，$z_+=\left(z_2,\ \cdots,\ z_L,\ y\right)-\left(d_t+u\right)\boldsymbol{e}$

$$\begin{aligned}\hat{y}&=\arg\min\{c_r(y-z_L)-c_e u+B(z_1-u)+\alpha E[\tilde{f}^{ADP}(z_+)]\}\\&=\arg\min\{c_r y+\alpha E[(z_2-u-d_t,\ \cdots,\ z_L-u-d_t)^T\tilde{Q}_{1:L-1,\ 1:L-1}(z_2-u-\\&\quad d_t,\ \cdots,\ z_L-u-d_t)+2\sum_{i=1}^{L-1}(z_{i+1}-u-d_t)(y-u-d_t)\tilde{Q}_{i,\ L}+(y-u-\\&\quad d_t)^2\tilde{Q}_{L,\ L}+\sum_{i=1}^{L-1}\lambda_i(z_{i+1}-u-d_t)+\lambda_L(y-u-d_t)+v]\}\\&=\arg\min\{c_r y+2\alpha E[\sum_{i=1}^{L-1}(z_{i+1}-u-d_t)(y-u-d_t)\tilde{Q}_{i,\ L}+(y-u-\\&\quad d_t)^2\tilde{Q}_{L,\ L}+\lambda_L(y-u-d_t)]\}\end{aligned}$$

这是一个关于 y 的一维优化问题，根据一元二次函数求解公式，我们可以得到：

$$\begin{aligned}\hat{y}&=\frac{-\sum_{i=1}^{L-1}\tilde{Q}_{i,\ L}z_{i+1}}{\tilde{Q}_{L,\ L}}+\frac{2\alpha\sum_{i=1}^{L-1}\tilde{Q}_{i,\ L}\bar{d}+2\alpha\tilde{Q}_{L,\ L}\bar{d}-c_r-\alpha\lambda_L}{2\alpha\tilde{Q}_{L,\ L}}+\frac{(\tilde{Q}_{L,\ L}+\sum_{i=1}^{L-1}\tilde{Q}_{i,\ L})}{\tilde{Q}_{L,\ L}}u\\&=\frac{\sum_{i=1}^{L-1}\tilde{\mu}_{i,\ L}z_{i+1}}{\tilde{\mu}_L+\sum_{i=1}^{L-1}\tilde{\mu}_{i,\ L}}+\frac{-2\alpha\sum_{i=1}^{L-1}\tilde{\mu}_{i,\ L}\bar{d}+2\alpha(\tilde{\mu}_L+\sum_{i=1}^{L-1}\tilde{\mu}_{i,\ L})\bar{d}-c_r-\alpha\lambda_L}{2\alpha(\tilde{\mu}_L+\sum_{i=1}^{L-1}\tilde{\mu}_{i,\ L})}+\\&\quad\frac{(\tilde{\mu}_L+\sum_{i=1}^{L-1}\tilde{\mu}_{i,\ L}-\sum_{i=1}^{L-1}\tilde{\mu}_{i,\ L})}{\tilde{\mu}_L+\sum_{i=1}^{L-1}\tilde{\mu}_{i,\ L}}u\end{aligned}\tag{5-6}$$

并且优化解 $y = \max(z_{L-1}, \hat{y})$，其中 $\bar{d} = E[d_t]$。当求解很长时间周期没有折现的情况时，$\alpha = 1$。

可以看到，给定任意 u，$\hat{y}$ 是关于 u 的线性函数，这样我们可以把这一表达式带入到线性规划贪婪策略的优化问题式（5-5）中，并进一步把整个问题转化为关于 u 的一维优化问题。

证明完毕。

5.2.3 启发式策略 $\hat{p}$ 的选择

在上面一小节中，基于值函数 $\tilde{f}^{ADP}$ 的二次近似，我们提出了“线性规划贪婪”启发式算法。本小节中，我们讨论如何选取某个性能优异的启发式算法 $\hat{p}$ 来进一步产生状态权重、样本状态集、样本约束集 $\overline{\mathcal{Z}}_{\hat{p}}$，这些可以用来求解近似线性规划（5-4），得到二次近似 $\tilde{f}^{ADP}$ 中的系数 $\{\mu_l\}_{l=1}^{L}$，$\{\mu_{lk} | l < k \leqslant L\}$，$\{\lambda_l\}_{l=1}^{L}$，$\nu$。根据 De Farias 和 Van Roy（2003，2004），启发式策略 $\hat{p}$ 在选取时应该尽可能接近所研究问题的最优策略来产生近似动态规划式（5-4）中的状态权重、样本约束集等，这样能够提高二次近似函数 $\tilde{f}^{ADP}$ 的精确度。然而，用过于复杂的启发式策略 $\hat{p}$ 来实际模拟系统较长时间周期的状态踪迹则会非常花费时间；除此之外，实际的近似效果在真实的数值实验时也不一定会非常显著。总的来说，选择合适的启发式策略 $\hat{p}$ 面临着效用（effectiveness）和效率（efficiency）的权衡。在下面我们将讨论双源采购问题中启发式策略 $\hat{p}$ 的选取。

之前的学术界针对任意供货提前期的双源采购问题提出了不同的启发式方法，包括单源采购策略（single sourcing）、定制基浪策略（tailored base-surge，TBS）、单指数策略（single index，SI）、双指数策略（dual index，DI）、拓展的 dual index 策略、最好向量基本库存策略（best vector base stock，BVBS）（表现最好）以及最近提出的最好加权界策略（best weighted base stock，BWB）。这里我们选取DI策略作为我们的启发式策略$\hat{p}$来进一步产生近似线性规划式（5-4）中的状态权重、样本状态集、样本约束集$\overline{\mathcal{Z}}_{\hat{p}}$。具体原因如下：首先，已经有研究表明DI策略比单源采购策略、定制基浪策略、单指数策略在大部分情况下有更好的性能，因此从近似精确度的角度来考虑，用DI策略来对双源采购问题进行仿真产生较长时间周期的状态踪迹更为合理；其次，用BVBS和BWB作为启发式策略会产生更精确的值函数近似，但是我们通过实际的数值试验发现通过这两个更复杂的启发式策略并没有表现出比用DI策略作为$\hat{p}$特别明显的性能优势；最后，相对于更复杂的BVBS和BWB策略，实施DI策略来产生$\overline{\mathcal{Z}}_{\hat{p}}$更加简单，而用BVBS和BWB作为启发式策略则会耗费大量的时间，同时Veeraraghavan和Scheller-Wolf（2008）提出了基于仿真的优化方法来考察DI策略的性能并发现DI策略在他们所设计的大部分数值试验中接近最优策略。因此总的来说，尽管存在更接近最优策略的BVBS和BWB，但选取DI策略来作为启发式策略$\hat{p}$已经足够。

我们随机生成长度为11 000个时间周期的需求，用得到的最优dual index策略来对双源采购系统进行仿真模拟得到11 000个时间周期内的状态踪迹。我们去除掉用来预热（warm-up）系统的前1 000个时间周期来消除从初始0状态开始仿真系统的瞬时效应，剩下的10 000个时间周期的状态被用来作为用在近似动态规划式（5-4）中的样本系统状态$\overline{\mathcal{Z}}_{\hat{p}}$。通过求解近似动态规划式（5-4）得到二次近似$\tilde{f}^{ADP}$中的系数$\{\tilde{\mu}_l\}_{l=1}^{L}$，$\{\tilde{\mu}_{lk} | l < k \leq L\}$，$\{\tilde{\lambda}_l\}_{l=1}^{L}$，$\tilde{\nu}$。然后，我们基于之前提出的线性规划贪婪算法对双源采购系统仿真模拟100 000个时间周期来得到相应的平均时间成本。我们将在本章后面设计不同类型

的数值实验来表明我们所设计的线性规划贪婪算法比其他双源采购文献中常用的启发式算法有更好的性能。

详细的算法设计和数值实验如下所示：

算法1 基于$L^\natural$凸性函数二次近似的线性规划贪婪算法

1：初始化系统

2：根据Veeraraghavan和Scheller-Wolf（2008）提出的基于仿真的优化方法得到最优dual index 策略

3：**for** $t = 1, \cdots, T$ **do** ▷定义$\boldsymbol{T}$=11 000

4：用上面步骤2中得到的最优dual index策略作为启发式策略$\hat{p}$来模拟时间周期t中的双源采购系统中的状态

5：**end for**

6：去除掉用来预热（warm-up）系统的前1 000个时间周期来消除从初始0状态开始仿真系统的瞬时效应，剩下的10 000个时间周期的状态被用来作为我们用在近似动态规划式（5-4）中的样本系统状态$\overline{\mathcal{Z}}_{\hat{p}}$。

7：求解近似动态规划式（5-4）得到二次近似$\tilde{f}^{ADP}$中的系数$\{\tilde{\mu}_l\}_{l=1}^L$，$\{\tilde{\mu}_{lk} | l < k \leq L\}$，$\{\tilde{\lambda}_l\}_{l=1}^L$，$\tilde{\nu}$

8：**for** $t = 1, \cdots, T$ **do** ▷定义$\boldsymbol{T}$=10 000

9：**if** $t = 1$ **then**

10：$\mathbf{z} \leftarrow$ 初始系统状态变量（这里我们假设初始状态为0）

11：**else** $\mathbf{z} \leftarrow$ 基于上个时间周期$t-1$以及状态转移方程所得到的状态

12：**end if**

13：**procedure** u^{LPg}的一维搜索 ▷搜索范围[$-\infty$，0]

14：$u_t^{LPg} \leftarrow 0$

15：根据式（5-6）得到相应的 $y_t(z, u_t^{LPg})$，其中 $u = u_t^{LPg}$ 并且 $y_t = \max(z_{L-1}, \hat{y})$

16：根据状态转移方程计算计算下一个时间周期的系统状态 z_+

17：$v_{t+1}(z_+) \leftarrow \tilde{f}^{ADP}(z_+)$，即从时间周期 $t+1$ 开始的值函数

18：$v_t(z) \leftarrow g_t(z, y_t(z, u_t^{LPg}), u_t^{LPg}) = c_r(y_t - z_L) - c_e u_t^{LPg} + B(z_1 - u_t^{LPg}) + E[\tilde{f}^{ADP}(z_+)]$

19：$g \leftarrow g_t(z, y_t(z, u_t^{LPg} - \delta), u_t^{LPg} - \delta) \triangleright \delta$ 是搜索步长

20：**While** $g < v_t(z)$ **do**

21：$v_t(z) \leftarrow g$

22：$u_t^{LPg} \leftarrow u_t^{LPg} - \delta$

23：根据式（5-6）得到相应的 $y_t(z, u_t^{LPg})$，其中 $u = u_t^{LPg}$ 并且 $y_t = \max(z_{L-1}, \hat{y})$

24：根据状态转移方程计算计算下一个时间周期的系统状态 z_+

25：$v_{t+1}(z_+) \leftarrow \tilde{f}^{ADP}(z_+)$，即从时间周期 $t+1$ 开始的值函数

26：$g \leftarrow g_t(z, y_t(z, u_t^{LPg}), u_t^{LPg}) = c_r(y_t - z_L) - c_e u_t^{LPg} + B(z_1 - u_t^{LPg}) + E[\tilde{f}^{ADP}(z_+)]$

27：**end while**

28：**return** 来自两种供应商的最优订货量 $(y^{LPg}(z, u^{LPg}), u^{LPg})$ at z

29：**end procedure**

30：采取上面程序所得到的最优订单决策，在需求实现之后根据状态转移方程转移到下一个时间周期

31：**end for**

32：得到长时间周期的平均成本

5.3 数值实验

由于长时间周期下每个周期的平均成本跟初始状态无关，因此本章选取长时间周期下（T = 100 000）每个周期的平均成本作为算法比较的性能指标。根据Huh等（2009）提出的应用在动态规划中的消失折扣法，当折现因子α趋近于1时，基于前面部分总折现表述所得到的线性规划贪婪策略能够收敛到平均情形下的相应最优策略。在本节中，将把我们提出的线性规划贪婪算法同其他双源采购文献或者实践中具有代表性的几种启发式算法进行比较，包括TBS策略、DI策略、BVBS策略、BWB策略。具体来说，因为简单易行，TBS策略常常用在实践中，并且当常规供应商的供应提前期变大时，TBS策略已经被证明具有一致优化性（asymptotically）。DI策略只需要记录两个定义的库存位置（inventory position），因此DI策略相对来说也比较容易实施，同时 Veeraraghavan and Scheller-Wolf（2008）也在他们所设计的数值实验中说明DI策略有很好的性能。BVBS策略比前两种启发式策略更加复杂，在BVBS策略中，我们需要记录两个供应商提前期差异中详细的库存状态信息，因此需要更多的计算时间；同时 Sheopuri等（2010）在他们所设计的数值实验中表明BVBS有更好的性能。Hua等（2015）提出了新的BWB启发式策略，他们的数值实验表明BWB策略可以比之前表现最好的BVBS策略节省1.02%的成本，说明BWB策略在当前研究双源采购问题的各种启发式策略中表现最好。在后面的数值实验中，我们将用同样的数值实验参数来表明我们当前所设计的线性规划贪婪算法在节省成本或者在计算时间上的优势。

5.3.1 数值实验设计

我们选取Scheller-Wolf等（2007）和Hua等（2015）两篇论文中所设计的数值实验参数来表明我们所设计的线性规划贪婪算法的优势。具体来说，Scheller-Wolf等（2007）展示了表5-1中关于离散一致分布（discrete uniform distribution）需求的24个实验的计算结果，Hua等（2015）分别考虑了表5-2中几何分布（参数为0.5）、几何分布（参数为0.4）、正态分布（参数为3，1）3种不同类型的需求分布，其中每一种需求分布对应44个数据实验。同大多数研究库存控制的文献一样，我们假设企业面临整数的需求，因此离散的一致分布和几何分布可以直接应用在我们的数值实验中。同时我们对正态分布做一些调整：首先，由于企业需求是非负的，我们切割正态分布到$[0, +\infty]$的区间范围里；其次，由于订单数量和企业需求均为整数，我们对连续的正态分布做如下离散化，$f(0)=F(0.5)$，并且$f(x)=F(x+0.5)-F(x-0.5)$，对于$x=1, 2, \cdots$，其中$f(x)$是概率密度函数，$F(x)$是切割后正态分布的累计分布函数。如果$c_e \geq h^{-}L$，延迟交付L个时间周期的需求比用紧急采购来满足这些需求更好，这样企业将总是从常规供应商采购，整个问题将退化为单源采购问题，因此在下表5-2的数值实验中，参数为$(L, c_e, h^{+})=(2, 30, 15)$的例子将被从$3\times5\times3=45$个数值实验例子中排除掉，详细情况可见本章末5.5的详细数值实验。

表5-1　一致离散分布的24个数值实验参数

c_r	h^{+}	Demand	c_e	h^{-}	L	l_e
1 000	5	$U[0, 4]$，$U[0, 8]$	1 020，1 050，1 100	95，495	2，3	0，1

表5-2　　3 种不同需求分布的 132 个数值实验集

c_r	h^+	Demand	c_e	h^-	L	l_e
0	5	Geometric（0.5），Geometric（0.4），Normal（3，1）	10，20，30	15，20，85/3，45，95	2，3，4	0

5.3.2　计算过程

在计算所有数值实验时，我们去除掉所有产品都从常规供应商处购买的固定采购成本$c_r\bar{d}$，其中$\bar{d}$是平均市场需求的期望值。对于每一个数值实验，我们首先基于各种不同的启发式算法计算每个状态所对应的最优决策，得到针对各种不同状态的决策表格（policy table）；然后，我们用所得到的决策表格来仿真模拟100 000个时间周期的需求踪迹来得到平均成本。为了保证公平的比较，我们用同样的样本需求踪迹来计算每种启发式策略所对应的平均成本。

现在我们讨论每种启发式算法所对应的计算时间。对于TBS、DI、BVBS以及BWB策略，我们用Veeraraghavan和Scheller-Wolf（2008）提出的基于仿真的优化方法来得到各个启发式算法中包含的最优参数水平，其中每种启发式算法所对应参数的搜索空间是不同的。具体来说，在TBS策略中，我们需要在$[0, \bar{d}]$的范围内搜索来自常规供应商固定的订货量Q，其中$\bar{d}$是平均市场需求的期望值。在DI策略中，关于$S_r - S_e$的搜索范围更大，因此需要比TBS更多的计算时间。BVBS策略中关于关键比例（critical ratio）的搜索比DI策略更加耗费时间，因为关键比例是一个在$(0, 1]$范围内的小数。BWB策略则在BVBS策略基础上添加了关于权重的另外一层搜索，因此BWB策略的计算时间是BVBS策略的几倍。然而，我们提出的线性规划贪婪（linear programming greedy，LPg）策略的计算时间主要依赖于近似线性规划求解时间以及在参数 u_t^{LPg} 上的搜索。具体来说，求得TBS、DI、BVBS、BWB策略的平均计算时间分别为0.4、4、25、150秒左右；而LPg策略的平均计算时间（包括求解近似线性规划和参数 u_t^{LPg} 搜索）为大约10秒。这里所有的程序都是基于Windows（x64）平台以及英特尔酷睿i7-3770处理器在MATLAB R2015b上面编写，同时调用CPLEX 12.6作为线性规划求解器。

5.3.3 数值实验结果

本节在表5-3分别详细展示了TBS、DI、BVBS、BWB以及LPg策略对表5-1中的每组不同数值实验计算产生的平均成本以及所花费的计算时间（单位为秒）。通常来说，根据动态规划中值迭代（value iteration）方法来得到最优平均成本的计算时间太长，导致一般很难得到具体的数值，但是在表5-3中可以直接参考Scheller-Wolf等（2007）得到的最优平均成本。对每个具体的数值实验，本节分别考察LPg策略相对于TBS、DI、BVBS、BWB策略所具有的成本优势：$PI_1 = (\text{TBS} - \text{LPg})/\text{TBS} \times 100\%$，$PI_2 = (\text{DI} - \text{LPg})/\text{DI} \times 100\%$，$PI_3 = (\text{BVBS} - \text{LPg})/\text{BVBS} \times 100\%$，$PI_4 = (\text{BWB} - \text{LPg})/\text{BWB} \times 100\%$，$\text{Gap} = (\text{LPg} - \text{Opt})/\text{LPg} \times 100\%$。

表5-3　TBS、DI、BVBS、BWB、LPg以及最优策略所分别对应的平均成本和计算时间

l_e，l_r	c_e	Demand	h^-	TBS	PI_1	DI	PI_2	BVBS	PI_3	BWB	PI_4	LPg	Opt	GAP
0，2	1020	$U[0, 4]$	95	31.90	28.28%	23.31	1.84%	23.09	0.91%	22.99	0.48%	22.88	22.82	0.26%
0，2	1020	$U[0, 4]$	495	31.90	27.68%	23.41	1.45%	23.23	0.69%	23.16	0.39%	23.07	23.07	0
0，2	1050	$U[0, 4]$	95	61.90	61.29%	24.04	0.33%	24.06	0.42%	23.98	0.086	24.01	24.00	0
0，2	1050	$U[0, 4]$	495	61.89	56.54%	27.21	1.14%	27.02	0.81%	26.99	0.33%	26.90	26.75	0.56%
0，2	1100	$U[0, 4]$	95	111.89	78.58%	24.07	0.42%	24.13	0.66%	24.02	0.21%	24.00	24.00	0
0，2	1100	$U[0, 4]$	495	111.89	74.39%	28.64	-0.03%	28.73	0.28%	28.68	0.10%	28.69	28.67	0.01%

续表

l_e, l_r	c_e	Demand	h^-	TBS	PI_1	DI	PI_2	BVBS	PI_3	BWB	PI_4	LPg	Opt	GAP
0，3	1020	U[0，4]	95	31.91	23.32%	25.02	2.20%	24.64	0.69%	24.53	0.24%	24.47	24.29	0.74%
0，3	1020	U[0，4]	495	31.91	23.28%	25.05	2.28%	24.63	0.61%	24.53	0.20%	24.48	24.33	0.61%
0，3	1050	U[0，4]	95	61.90	55.43%	27.76	0.61%	27.82	0.83%	27.71	0.43%	27.59	27.51	0.29%
0，3	1050	U[0，4]	495	61.91	51.98%	30.12	1.29%	30.10	1.23%	29.93	0.67%	29.73	29.56	0.57%
0，3	1100	U[0，4]	95	111.89	74.68%	28.34	0.04%	28.44	0.39%	28.37	0.14%	28.39	28.36	0.01%
0，3	1100	U[0，4]	495	111.89	70.35%	33.51	1.01%	33.41	0.72%	33.36	0.57%	33.17	32.98	0.57%
0，3	1020	U[0，8]	95	50.66	11.88%	45.60	2.11%	44.86	0.49%	44.78	0.31%	44.64	44.44	0.45%
0，3	1020	U[0，8]	495	50.61	8.24%	47.63	2.50%	46.75	0.66%	46.55	0.24%	46.44	46.20	0.52%
0，3	1050	U[0，8]	95	80.55	37.45%	50.64	0.51%	50.70	0.63%	50.65	0.53%	50.38	50.34	0.08%
0，3	1050	U[0，8]	495	80.55	30.22%	57.38	2.04%	56.88	1.18%	56.36	0.27%	56.21	55.93	0.50%
0，3	1100	U[0，8]	95	130.53	60.24%	51.94	0.08%	51.81	-0.17%	51.81	-0.17%	51.95	51.95	0
0，3	1100	U[0，8]	495	130.82	53.17%	61.49	0.37%	61.50	0.39%	61.43	0.28%	61.26	61.10	0.26%
1，4	1020	U[0，4]	95	39.81	25.75%	29.78	0.74%	29.70	0.47%	29.60	0.14%	29.56	29.55	0.03%
1，4	1020	U[0，4]	495	41.90	17.66%	35.12	1.77%	34.64	0.40%	34.55	0.14%	34.50	34.30	0.58%
1，4	1050	U[0，4]	95	69.81	54.96%	31.45	0.03%	31.46	0.06%	31.45	0.03%	31.44	31.43	0.03%
1，4	1050	U[0，4]	495	71.92	47.58%	38.02	0.84%	37.82	0.32%	37.75	0.13%	37.70	37.66	0.11%
1，4	1100	U[0，4]	95	119.79	73.55%	31.82	0.44%	31.86	0.56%	31.76	0.25%	31.75	31.72	0.01%
1，4	1100	U[0，4]	495	121.91	67.92%	39.91	2.00%	39.40	0.74%	39.31	0.51%	39.11	39.11	0
Average				75.49	46.43%	35.05	1.08%	34.87	0.58%	34.76	0.27%	34.67	34.59	0.23%
Computation time（s）				0.33		3.6		23.3		135		8.5	NaN	

从表5-3可以发现，在大多数情形下LPg策略比其他启发式策略有更好的性能。具体来说，相比较TBS和DI策略，用一些额外的计算时间，LPg策略可以分别节省46.43%和1.08%的成本。与学术界提出的较之前性能更好的BVBS和BWB策略相比，LPg策略可以分别节

省0.58%和0.27%，虽然没有明显的成本优势，但是所用计算时间急剧减少。我们也可以观测到LPg策略与原问题最优策略之间的成本差异只有0.23%。

表5-2有3种不同的需求类型，每种需求类型分别拥有44组数值实验。为了便于展示，我们在表5-4中根据3种不同的需求类型进行分类并分别给出每种需求类型在不同启发式策略下对应的平均性能表现。为了公平比较，我们仍然用同样的样本需求踪迹来计算每种启发式策略所对应的平均成本。由于用值迭代方法计算最优策略的时间太长，Hua等（2015）在他们的数值实验中没有列出最优成本，因此我们不能参考任何现存的结果并且在表5-4中也没有列举最优成本。表5-4根据不同的需求类型，分别详细展示了LPg策略相对于TBS、DI、BVBS、BWB策略所能节省的成本以及所花费的计算时间（单位为秒）。更详细的数值实验结果见本章末5.5中的表5-5、表5-6、表5-7。

表5-4　**TBS、DI、BVBS、BWB以及LPg策略在几何分布（参数为0.5）、几何分布（参数为0.4）、正态分布（参数为3，1）所分别对应的平均成本和计算时间**

Demand distribution	TBS	PI_1	DI	PI_2	BVBS	PI_3	BWB	PI_4	LPg
Geometric（0.5）	34.28	35.24%	21.99	2.43%	21.70	1.12%	21.60	0.62%	21.46
Geometric（0.4）	34.02	13.16%	30.17	2.37%	29.93	1.57%	29.67	0.68%	29.48
Normal（3，1）	28.12	46.40%	14.48	2.57%	14.37	1.88%	14.21	0.79%	14.10
Average	32.14	31.6%	22.21	2.46%	22.00	1.52%	21.83	0.70%	21.68
Computation time（s）	0.47		4.4		26.7		165		11.5

从表5-4可以发现，LPg策略比其他启发式策略有更好的性能。具体来说，在总的132组数值实验中，LPg策略可以分别比TBS、DI、BVBS、BWB策略节省31.6%、2.46%、1.52%和0.70%的成本。

相比 BVBS 和 BWB 策略，LPg 策略的成本优势虽然不是非常显著，但是所需计算时间更少，具体来说，数值实验表明 BVBS 和 BWB 策略的计算时间分别达到 LPg 策略的 2 倍多和 14 倍多。

5.4 本章小结

本章研究了任意供应提前期下的双源采购问题。企业从常规供应商处采购的供应提前期较长但单位采购成本较低，而从紧急供应商处采购的供应提前期较短但单位采购成本较高，未被满足的需求可以延迟交付。企业的目标是最小化平均成本。

通过变量转换，我们首先证明了随机动态规划模型中的值函数（value-to-go function）具有 $L^\natural$ 凸性；然后，基于 $L^\natural$ 凸性值函数的二次近似，设计了线性规划贪婪算法（linear programming greedy，LP-greedy），把每个阶段的决策问题转化为一维优化问题；最后，通过详细的数值实验验证了我们的算法比近年来双源采购文献中所提及的启发式方法更为有效。

企业采用双源采购的另一个重要动机是为了对冲某个供应商突然中断或者其他来自供应端的风险。本章假设企业采用双源采购的两个供应商没有任何风险，因此在引入供货量不确定性后考虑企业的双源采购问题是一个非常有意义的研究方向，下一章将讨论这一问题。同时，本章考虑了企业同时从两个供应商进行采购的双源采购问题，现实中企业也常常同时从更多的供应商进行采购并且各个供应商的供应提前期互不相同，因此考虑更加一般意义的多源采购问题并探讨相应的启发式算法也是很有趣的未来研究课题。

5.5 表5-2中的详细数值实验

表5-5　　TBS、DI、BVBS、BWB以及LPg策略

在几何分布（参数为0.5）时所分别对应的平均成本

l_e，l_r	c_e	h^-	TBS	PI_1	DI	PI_2	BVBS	PI_3	BWB	PI_4	LPg
0，2	10	15	19.94	28.13%	14.68	2.38%	14.49	1.10%	14.21	-0.84%	14.33
0，2	10	20	21.22	26.20%	16.15	3.03%	15.94	1.76%	15.84	1.14%	15.66
0，2	10	85/3	23.33	24.22%	18.13	2.48%	17.95	1.50%	17.85	0.95%	17.68
0，2	10	45	26.23	20.85%	21.19	2.03%	20.98	1.05%	20.88	0.57%	20.76
0，2	10	95	31.17	17.52%	26.08	1.42%	25.92	0.81%	25.82	0.43%	25.71
0，2	20	15	30.00	46.83%	16.30	2.15%	16.19	1.48%	16.09	0.87%	15.95
0，2	20	20	31.24	44.11%	17.86	2.24%	17.78	1.80%	17.68	1.24%	17.46
0，2	20	85/3	33.36	41.25%	20.04	2.20%	19.88	1.41%	19.78	0.91%	19.60
0，2	20	45	36.30	38.57%	22.95	2.83%	22.83	2.32%	22.73	1.89%	22.30
0，2	20	95	41.11	32.60%	27.76	0.18%	27.70	-0.04%	27.60	-0.40%	27.71
0，2	30	20	41.20	54.61%	19.12	2.20%	18.84	0.74%	18.74	0.21%	18.70
0，2	30	85/3	43.35	53.15%	20.90	2.82%	20.67	1.74%	20.57	1.26%	20.31
0，2	30	45	46.17	49.01%	23.99	1.88%	23.86	1.34%	23.76	0.93%	23.54
0，2	30	95	51.22	44.65%	29.03	2.34%	28.85	1.73%	28.75	1.39%	28.35
0，3	10	15	20.04	26.20%	15.4	3.96%	15.09	1.99%	14.99	1.33%	14.79
0，3	10	20	21.26	23.47%	16.84	3.38%	16.54	1.63%	16.44	1.03%	16.27
0，3	10	85/3	23.24	20.44%	18.81	1.70%	18.62	0.70%	18.52	0.16%	18.49
0，3	10	45	26.20	18.97%	21.73	2.30%	21.48	1.16%	21.38	0.70%	21.23
0，3	10	95	31.23	14.60%	26.83	0.60%	26.56	-0.41%	26.46	-0.79%	26.67
0，3	20	15	30.00	42.10%	17.47	0.57%	17.29	-0.46%	17.19	-1.05%	17.37
0，3	20	20	31.26	40.79%	19.18	3.49%	18.93	2.22%	18.83	1.70%	18.51
0，3	20	85/3	33.38	38.44%	21.42	4.06%	21.05	2.38%	20.95	1.91%	20.55
0，3	20	45	36.31	34.59%	24.10	1.45%	24.01	1.08%	23.91	0.67%	23.75
0，3	20	95	41.39	30.59%	29.29	1.91%	29.04	1.07%	28.94	0.73%	28.73
0，3	30	15	40.03	52.81%	19.28	2.02%	19.03	0.74%	18.93	0.21%	18.89
0，3	30	20	41.23	51.76%	20.72	4.01%	20.25	1.78%	20.15	1.29%	19.89
0，3	30	85/3	43.26	49.19%	22.61	2.79%	22.37	1.74%	22.27	1.30%	21.98
0，3	30	45	46.18	46.02%	25.84	3.52%	25.38	1.77%	25.28	1.38%	24.93
0，3	30	95	51.32	41.29%	30.98	2.74%	30.46	1.08%	30.36	0.76%	30.13

续表

l_e，l_r	c_e	h^-	TBS	PI_1	DI	PI_2	BVBS	PI_3	BWB	PI_4	LPg
0，4	10	15	20.02	23.43%	15.83	3.16%	15.37	0.26%	15.27	-0.39%	15.33
0，4	10	20	21.24	22.03%	17.20	3.72%	16.81	1.49%	16.71	0.90%	16.56
0，4	10	85/3	23.37	18.14%	19.43	1.54%	19.02	-0.58%	18.92	-1.11%	19.13
0，4	10	45	26.27	18.16%	22.24	3.33%	21.86	1.65%	21.76	1.19%	21.50
0，4	10	95	31.18	15.23%	27.21	2.87%	26.83	1.49%	26.73	1.12%	26.43
0，4	20	15	29.98	40.19%	18.47	2.92%	17.99	0.33%	17.89	-0.22%	17.93
0，4	20	20	31.29	37.55%	20.17	3.12%	19.75	1.06%	19.65	0.56%	19.54
0，4	20	85/3	33.22	34.77%	22.11	1.99%	21.83	0.73%	21.73	0.28%	21.67
0，4	20	45	36.22	32.27%	25.13	2.39%	24.63	0.41%	24.53	0.00%	24.53
0，4	20	95	41.24	28.32%	30.09	1.76%	29.75	0.64%	29.65	0.30%	29.56
0，4	30	15	39.99	50.01%	20.27	1.38%	19.93	-0.30%	19.83	-0.81%	19.99
0，4	30	20	41.29	48.29%	21.86	2.33%	21.58	1.07%	21.48	0.61%	21.35
0，4	30	85/3	43.35	46.62%	23.78	2.69%	23.49	1.49%	23.39	1.07%	23.14
0，4	30	45	46.24	43.06%	26.90	2.12%	26.64	1.16%	26.54	0.79%	26.33
0，4	30	95	51.28	39.49%	32.01	3.06%	31.46	1.37%	31.36	1.05%	31.03
Average			34.28	35.24%	21.99	2.43%	21.70	1.12%	21.60	0.62%	21.46

表5-6　TBS、DI、BVBS、BWB 以及 LPg 策略在几何分布（参数为 0.4）时所分别对应的平均成本

l_e，l_r	c_e	h^-	TBS	PI_1	DI	PI_2	BVBS	PI_3	BWB	PI_4	LPg
0，2	10	15	22.47	12.11%	20.09	1.69%	20.04	1.45%	19.82	0.35%	19.75
0，2	10	20	25.00	14.04%	22.23	3.33%	22.03	2.45%	21.83	1.56%	21.49
0，2	10	85/3	27.47	10.45%	25.02	1.68%	24.95	1.40%	24.71	0.45%	24.60
0，2	10	45	31.49	9.91%	28.95	2.00%	28.83	1.60%	28.53	0.56%	28.37
0，2	10	95	38.45	8.06%	35.90	1.53%	35.86	1.42%	35.58	0.65%	35.35
0，2	20	15	27.52	20.71%	22.38	2.50%	22.30	2.15%	22.04	1.00%	21.82
0，2	20	20	30.20	20.30%	24.70	2.55%	24.60	2.15%	24.39	1.31%	24.07
0，2	20	85/3	32.28	16.95%	27.35	1.97%	27.29	1.76%	27.01	0.74%	26.81
0，2	20	45	36.55	14.83%	31.45	1.02%	31.37	0.77%	31.09	-0.13%	31.13
0，2	20	95	43.12	13.20%	38.11	1.78%	38.00	1.50%	37.70	0.72%	37.43
0，2	30	20	35.09	26.65%	26.11	1.42%	26.02	1.08%	25.82	0.31%	25.74
0，2	30	85/3	37.41	24.54%	28.76	1.84%	28.86	2.18%	28.58	1.22%	28.23
0，2	30	45	41.53	22.30%	32.72	1.38%	32.80	1.62%	32.47	0.62%	32.27
0，2	30	95	48.35	18.97%	39.76	1.46%	39.73	1.38%	39.44	0.66%	39.18

续表

l_e, l_r	c_e	h^-	TBS	PI_1	DI	PI_2	BVBS	PI_3	BWB	PI_4	LPg
0, 3	10	15	22.57	10.15%	20.97	3.29%	20.73	2.17%	20.51	1.12%	20.28
0, 3	10	20	25.05	10.70%	23.23	3.70%	22.94	2.48%	22.69	1.41%	22.37
0, 3	10	85/3	27.43	8.79%	25.90	3.40%	25.72	2.72%	25.40	1.50%	25.02
0, 3	10	45	31.42	6.78%	29.95	2.20%	29.55	0.88%	29.27	-0.07%	29.29
0, 3	10	95	38.41	6.72%	36.62	2.16%	36.40	1.57%	36.09	0.72%	35.83
0, 3	20	15	27.47	14.71%	24.11	2.82%	23.95	2.17%	23.74	1.31%	23.43
0, 3	20	20	30.07	14.33%	26.52	2.87%	26.14	1.45%	25.81	0.19%	25.76
0, 3	20	85/3	32.54	13.00%	29.51	4.07%	28.82	1.77%	28.52	0.74%	28.31
0, 3	20	45	36.51	12.33%	33.02	3.06%	32.91	2.73%	32.69	2.08%	32.01
0, 3	20	95	43.05	9.27%	39.68	1.56%	39.52	1.16%	39.27	0.53%	39.06
0, 3	30	15	32.53	20.63%	26.05	0.88%	26.21	1.49%	25.93	0.42%	25.82
0, 3	30	20	34.96	20.42%	28.44	2.18%	28.20	1.35%	27.90	0.29%	27.82
0, 3	30	85/3	37.52	17.80%	31.31	1.50%	31.26	1.34%	31.05	0.68%	30.84
0, 3	30	45	41.53	16.33%	35.23	1.36%	35.21	1.31%	34.96	0.60%	34.75
0, 3	30	95	48.35	14.60%	42.02	1.74%	41.85	1.34%	41.51	0.53%	41.29
0, 4	10	15	22.60	7.52%	21.64	3.42%	21.24	1.60%	21.02	0.57%	20.90
0, 4	10	20	25.20	8.45%	24.02	3.96%	23.52	1.91%	23.27	0.86%	23.07
0, 4	10	85/3	27.75	6.49%	26.78	3.10%	26.36	1.56%	26.12	0.65%	25.95
0, 4	10	45	31.45	5.12%	30.62	2.55%	30.22	1.26%	29.95	0.37%	29.84
0, 4	10	95	38.43	5.39%	37.39	2.75%	36.90	1.46%	36.58	0.60%	36.36
0, 4	20	15	27.46	10.71%	25.38	3.39%	24.94	1.68%	24.67	0.61%	24.52
0, 4	20	20	29.88	10.44%	27.79	3.71%	27.16	1.47%	26.90	0.52%	26.76
0, 4	20	85/3	32.67	9.27%	30.49	2.79%	29.97	1.10%	29.76	0.40%	29.64
0, 4	20	45	36.57	8.53%	34.40	2.76%	33.91	1.36%	33.65	0.59%	33.45
0, 4	20	95	43.61	6.88%	41.47	2.07%	41.02	1.00%	40.77	0.39%	40.61
0, 4	30	15	32.37	16.40%	27.67	2.20%	27.44	1.38%	27.21	0.55%	27.06
0, 4	30	20	35.06	16.37%	30.14	2.72%	29.75	1.45%	29.51	0.64%	29.32
0, 4	30	85/3	37.57	14.48%	33.02	2.70%	32.53	1.23%	32.21	0.25%	32.13
0, 4	30	45	41.46	12.28%	36.89	1.41%	36.70	0.90%	36.45	0.22%	36.37
0, 4	30	95	48.34	11.17%	43.75	1.85%	43.37	0.99%	43.14	0.46%	42.94
Average			34.02	13.16%	30.17	2.37%	29.93	1.57%	29.67	0.68%	29.48

表 5-7　　TBS、DI、BVBS、BWB 以及 LPg 策略

在正态分布（参数为 3，1）时所分别对应的平均成本

l_e，l_r	c_e	h^-	TBS	PI_1	DI	PI_2	BVBS	PI_3	BWB	PI_4	LPg
0，2	10	15	16.59	38.16%	10.86	5.52%	10.46	1.91%	10.37	1.06%	10.26
0，2	10	20	17.26	35.28%	11.31	1.24%	11.29	1.06%	11.16	-0.09%	11.17
0，2	10	85/3	18.02	34.46%	12.17	2.96%	12.16	2.88%	11.96	1.25%	11.81
0，2	10	45	19.03	32.37%	13.45	4.31%	13.39	3.88%	13.16	2.20%	12.87
0，2	10	95	20.62	27.74%	15.33	2.80%	15.21	2.04%	14.96	0.40%	14.90
0，2	20	15	26.59	59.50%	10.83	0.55%	10.94	1.55%	10.85	0.74%	10.77
0，2	20	20	27.23	57.03%	11.94	2.01%	11.99	2.42%	11.84	1.18%	11.70
0，2	20	85/3	28.04	54.28%	13.02	1.54%	13.10	2.14%	12.89	0.54%	12.82
0，2	20	45	29.06	51.27%	14.48	2.21%	14.46	2.07%	14.21	0.35%	14.16
0，2	20	95	30.60	47.55%	16.48	2.61%	16.41	2.19%	16.13	0.50%	16.05
0，2	30	20	37.24	68.07%	11.96	0.59%	12.06	1.41%	11.86	-0.25%	11.89
0，2	30	85/3	38.02	65.23%	13.16	-0.46%	13.35	0.97%	13.18	-0.30%	13.22
0，2	30	45	39.06	62.44%	14.90	1.54%	14.87	1.34%	14.69	0.14%	14.67
0，2	30	95	40.60	58.62%	17.31	2.95%	17.03	1.35%	16.84	0.24%	16.80
0，3	10	15	16.60	33.25%	11.37	2.55%	11.25	1.51%	11.06	-0.18%	11.08
0，3	10	20	17.24	31.84%	12.23	3.92%	12.05	2.49%	11.83	0.68%	11.75
0，3	10	85/3	18.04	29.10%	13.19	3.03%	12.95	1.24%	12.79	0.00%	12.79
0，3	10	45	19.04	26.89%	14.44	3.60%	14.11	1.35%	13.96	0.29%	13.92
0，3	10	95	20.60	23.74%	16.14	2.66%	15.85	0.88%	15.69	-0.13%	15.71
0，3	20	15	26.59	54.31%	12.34	1.54%	12.41	2.10%	12.31	1.30%	12.15
0，3	20	20	27.27	52.55%	13.32	2.85%	13.34	3.00%	13.19	1.90%	12.94
0，3	20	85/3	28.04	49.29%	14.44	1.52%	14.38	1.11%	14.24	0.14%	14.22
0，3	20	45	29.04	47.80%	15.84	4.29%	15.71	3.50%	15.53	2.38%	15.16
0，3	20	95	30.62	42.98%	17.84	2.13%	17.60	0.80%	17.46	0.00%	17.46
0，3	30	15	36.56	65.73%	12.40	-1.05%	12.70	1.34%	12.58	0.40%	12.53
0，3	30	20	37.23	62.80%	13.66	-1.39%	13.82	-0.22%	13.69	-1.17%	13.85
0，3	30	85/3	38.04	60.73%	15.13	1.26%	15.10	1.06%	14.96	0.13%	14.94
0，3	30	45	39.05	58.31%	16.66	2.28%	16.55	1.63%	16.38	0.61%	16.28
0，3	30	95	40.64	54.80%	18.62	1.34%	18.63	1.40%	18.51	0.76%	18.37

续表

l_e, l_r	c_e	h^-	TBS	PI_1	DI	PI_2	BVBS	PI_3	BWB	PI_4	LPg
0, 4	10	15	16.60	30.42%	12.04	4.07%	11.72	1.45%	11.59	0.35%	11.55
0, 4	10	20	17.25	28.17%	12.81	3.28%	12.50	0.88%	12.36	0.24%	12.39
0, 4	10	85/3	18.02	27.08%	13.72	4.23%	13.37	1.72%	13.23	0.68%	13.14
0, 4	10	45	19.07	24.49%	14.91	3.42%	14.55	1.03%	14.40	0.00%	14.40
0, 4	10	95	20.66	22.22%	16.71	3.83%	16.28	1.29%	16.13	0.37%	16.07
0, 4	20	15	26.59	54.01%	13.40	8.73%	13.33	8.25%	13.22	7.49%	12.23
0, 4	20	20	27.25	48.59%	14.39	2.64%	14.21	1.41%	14.09	0.57%	14.01
0, 4	20	85/3	28.03	45.99%	15.56	2.70%	15.27	0.85%	15.14	0.00%	15.14
0, 4	20	45	29.07	43.69%	16.84	2.79%	16.60	1.39%	16.46	0.55%	16.37
0, 4	20	95	30.61	41.49%	18.68	4.12%	18.46	2.98%	18.32	2.24%	17.91
0, 4	30	15	36.57	62.02%	13.92	0.22%	13.99	0.71%	13.89	0.00%	13.89
0, 4	30	20	37.26	59.96%	15.10	1.19%	15.07	1.00%	14.97	0.33%	14.92
0, 4	30	85/3	38.03	57.51%	16.37	1.28%	16.28	0.74%	16.17	0.06%	16.16
0, 4	30	45	39.03	57.65%	17.65	6.35%	17.66	6.40%	17.53	5.70%	16.53
0, 4	30	95	40.60	52.39%	19.98	3.25%	19.76	2.18%	19.62	1.48%	19.33
Average			28.12	46.40%	14.48	2.57%	14.37	1.88%	14.21	0.79%	14.10

第6章

近似动态规划在供应商产能不确定情形下双源采购问题中的应用

6.1 问题描述与模型构建

在上一章，我们考虑了任意供应提前期下的双源采购问题。在现实中企业同时从多个供应商处采购的另一个重要动机是为了对冲某个供应商突然中断或者其他来自供应端的不确定性。供应不确定性，尤其是供应中断已经成为具有全球供应网络的跨国公司担心的主要问题。自然灾害（比如地震、飓风等）以及产品在购买、生产或者运输等运营过程中的不可靠性都可能会导致供应的不确定性。供应中断可能会对企业造成极大的损失。比如，2011年的日本东北大地震及海啸使得当年汽车零部件生产急剧减少，导致许多汽车生产商出现严重损失，这样的事件促使汽车生产商重新考虑他们的采购策略以及寻求更加分散的采购源来建立更具韧性（robust）、更稳定的供应链。

因此总的来说，采取双源采购策略的企业在做采购决策时通常面临着两种不同的运营环境特征：（1）供应商产能的不确定性；（2）两种供应商具有任意的供应提前期。据我们所知，当同时考虑这两种复杂因素时，怎样在多周期背景下做出有效的双源采购决策仍然是一个待解决的问题。本章提供了一个有效的启发式算法来解决这一问题。

本章研究当两种供应商存在不确定产能风险时，企业常规采购和紧急采购的双源采购问题。在每一个时间周期内，企业可以同时从供应提前期较长但采购成本较低的常规供应商以及从供应提前期较短但采购成本较高的紧急供应商处采购，但两种供应商可能因为自然灾害、市场波动、运输中断等因素而导致供给产品数量的不确定性，本章假设两种供应商的不确定是相互独立的。

我们假设企业可以同时从常规供应商和紧急供应商处订购一定数量的产品，当前周期未满足的需求积压需要在未来进行延期交付（backlog）。企业的决策目的是找到一种有效的采购策略，以最小化整个计划期中的平均总成本（包括采购成本、库存成本、延期交付成本），对于销售数量大但利润率低的产品来说，成本减少一个小的百分比都可以给企业带来巨大的利润。考虑供应的不确定性后导致基于动态规划方法刻画的目标函数在每个时间周期中不是订货量的凸函数。

本章应用Chen等（2018）提出的一个巧妙的转换技巧，基于 $L^\natural$ 凸性函数的二次近似和近似动态规划理论，把各个阶段的问题转化为一个凸优化问题，从而可以有效地进行搜索，得到最优解。本章仍然利用数值实验来与之前文献中的双源采购算法进行比较，来验证我们算法的有效性。除此之外，本章也基于信息松弛（information relaxation）的方法计算存在供应商风险时双源采购问题的成本下界，来进一步说明我们所设计算法的有效性。

本章考虑企业在多周期时间框架下从两个产能不确定的供应商处进行单个产品周期性检查（periodic review）的采购决策。产品可以分别从两种供应商处进行采购：常规供应商的供货提前期为 l_r，单位采购成本为 c_r；紧急供应商的供货提前期为 l_e，单位采购成本为 c_e；其中 $l_r > l_e \geq 0$，同时假设企业采购时没有固定采购成本。常规供应商和紧急供应商只能提供有限且不确定的产能，分别用 K_t^r 以及 K_t^e，$t \in \{1, \cdots, T\}$ 表示，这里假设 $\{K_t^r\}_{t=1}^T$ 与 $\{K_t^e\}_{t=1}^T$ 是相互独立的。每个时间周期 t 的随机需求 d_t 在时间上是独立同分布的，均值为 $\bar{d}$。为了方便起见，用 $d_{[t, t+l]}$ 表示从时间周期 t 到周期 $t+l$ 的总需求，即 $d_{[t, t+l]} = d_t + \cdots + d_{t+l}$。

在第 t 个采购周期上，时间发生顺序如下：在时间周期 t 初，之前从供应商处采购的产品（$q_{t-l_r}^r$，$q_{t-l_e}^e$）到达企业里；企业观测到期

初库存水平 x_t^0 （包括刚刚到达企业的订单 $q_{t-l_r}^r$， $q_{t-l_e}^e$ ）以及从两个供应商处订购但还未到达的在途库存订单（即 $q_{t-l_r+1}^r$， …， q_{t-1}^r 和 $q_{t-l_e+1}^e$， …， q_{t-1}^e ）；然后企业同时决定常规订单 q_t^r 和紧急订单 q_t^e，在企业订货后，两类供应商的随机产能得到实现，分别用 k_t^r， k_t^e 来表示随机产能 K_t^r， K_t^e 的具体实现，因此企业从常规供应商和紧急供应商得到的实际产品数量分别为 $q_r \wedge k_{r,t}$， $q_e \wedge k_{e,t}$；最后企业在时间周期 t 的随机需求得到实现，企业尽量用手上拥有的库存来满足实现的需求，多余的库存被转移到下一个时间周期 $t+1$ 并产生存储成本，没有被满足的需求则需要延迟交付而产生缺货成本，其中单位存储成本为 h^+，单位缺货成本为 h^-。

同前面第5章类似，在采购周期 t，系统状态可以用 $\mathbf{s}_t = (s_{t,0}, \cdots, s_{t,l_r-1})$ 来表示，其中 $s_{t,0}$ 代表时间周期 t 初企业手上目前所拥有的库存量，$s_{t,i}$ 为手上目前所拥有的库存加上那些在 i 周期之后将要达到企业的总的在途库存（$i=1, \cdots, l_r-1$），并且 $s_{t,0} \leqslant s_{t,1} \leqslant \cdots \leqslant s_{t,l_r-1}$。这里当 $1 \leqslant i \leqslant l_e - 1$ 时，$s_{t,i} = s_{t,0} + \sum_{u=t-l_e+1}^{t-l_e+i} q_u^e + \sum_{u=t-l_r+1}^{t-l_r+i} q_u^r$；当 $l_e \leqslant i \leqslant l_r - 1$ 时，$s_{t,i} = s_{t,0} + \sum_{u=t-l_e+1}^{t-1} q_u^e + \sum_{u=t-l_r+1}^{t-l_r+i} q_u^r$。企业在第 t 个采购周期总的状态空间用 $\mathcal{S}_t$ 来表示，在实数状态空间中 $\mathcal{S}_t = \{\mathbf{s}_t \in \Re^{l_r} | s_{t,0} \leqslant s_{t,1} \leqslant \cdots \leqslant s_{t,l_r-1}\}$；在整数状态空间中 $\mathcal{S}_t = \{\mathbf{s}_t \in \mathcal{Z}^{l_r} | s_{t,0} \leqslant s_{t,1} \leqslant \cdots \leqslant s_{t,l_r-1}\}$。同样的，定义 $y_t = s_{t,l_r-1} + q_t^r$， $u_t = -q_t^e$ 作为在时间周期 t 内新的决策变量，同时定义新的随机变量 $\tilde{K}_t^e = -K_t^e$ 以及相应的实现为 $\tilde{k}_t^e = -k_t^e$。企业从两个供应商的订单至少要经过 l_e 个时间周期后才能到达，因此我们只需要 $(s_{t,l_e}, \cdots, s_{t,l_r-1})$ 即可完全刻画企业做决策时的状态空间。定义 $z_{t,i} = s_{t,i+l_e-1}$， $i=1, \cdots, L$，其中 $L = l_r - l_e$，这样整个

系统在时间周期t的状态空间可以用$\mathbf{z}_t = (z_{t,1}, \cdots, z_{t,L})$来表示。系统状态的动态转移方程为：

$$\mathbf{z}_{t+1} = [(z_{t,2}, \cdots, z_{t,L}, y_t \wedge (z_{t,L} + k_t^r)) - (d_t + u_t \vee \tilde{k}_t^e)\boldsymbol{e}]$$

其中，$\boldsymbol{e}$是所有元素为1的向量，向量的维数根据上下文决定，在这里$\boldsymbol{e}$为L维向量。

$\alpha \in (0, 1]$为折现因子，同时定义整个计划期最后的值函数$v_{T+L+1}(\mathbf{z}) = 0$对任意的$\boldsymbol{z}$均成立。随机动态规划的最优Bellman方程如下所示：当$t = 1, \cdots, T + L$时，

$$v_t(\boldsymbol{z}_t) = \min_{y \geqslant z_{t}, u \leqslant 0} g_t(\boldsymbol{z}_t, y_t \wedge (z_{t,L} + K_t^r), u_t \vee \tilde{K}_t^e) \tag{6-1}$$

其中，

$$g_t(\boldsymbol{z}_t, y_t, u_t) = c_r(y_t - z_{t,L}) - c_e u_t + B(z_{t,1} - u_t) + \alpha E[v_{t+1}(\boldsymbol{z}_{t+1})] \tag{6-2}$$

并且，

$$B(x) = \alpha^{l_e} E[h^+(x - d_{[t, t+l_e]})^+ + h^-(d_{[t, t+l_e]} - x)^+]$$

在上面的模型$B(x)$中，我们将在时间周期$t + l_e$的库存成本（包括可能的存储成本或者延迟交付成本）折现到时间周期t。$y_t(\boldsymbol{z}_t)$和$u_t(\boldsymbol{z}_t)$分别代表系统中在第t个时间周期的最优解，$q_t^r(\boldsymbol{z}_t)$和$q_t^e(\boldsymbol{z}_t)$分别代表相应的常规采购订单和紧急采购订单。因此$q_t^r(\boldsymbol{z}_t) = y_t(\boldsymbol{z}_t) - z_{t,L}$，$q_t^e(\boldsymbol{z}_t) = -u_t(\boldsymbol{z}_t)$。

式（6-1）中的Bellman方程在一般意义上表述了最优解应该满足的条件，如果我们能够在每个时间周期t得到此问题的最优解，那么整个多周期的双源采购问题可以用经典的逆向归纳法来求解。然而，在任意供应提前期以及供应商产能不确定的背景下，用经典的逆向归纳法来求解动态规划问题就变得非常困难：第一，随机动态规划模型的状态依赖于两个供应商提前期差异L，当$L > 1$时，这是一个多维的随机动态规划问题，因此直接用经典的逆向归纳法来求解

Bellman方程会由于著名的“维数灾难”而变得不可行。第二，式（6-1）的目标函数不是关于决策变量的凸函数。式（6-2）中的$B_t(z_{t,1}-u_t\vee\tilde{K}_t^e)$，是一个凸函数$B_t(x)$与一个分片线性函数$u_t\vee\tilde{K}_t^e$的复合函数，因此不是关于变量$u_t$的凸函数，这样求解式（6-1）的最优解变得更加困难。

总的来说，一些传统的用来解决随机动态规划的方法不能用来有效地解决本章所描述的双源采购问题，因此本章用近似动态规划的框架设计有效的启发式算法来对问题进行求解，并与其他用在双源采购问题中的算法进行比较来说明我们所设计算法的有效性。首先我们应用Chen等（2018）提出的一个巧妙的转换技巧证明随机动态规划模型中各个时间周期的值函数（value-to-go function）具有$L^\natural$凸性，给出下面定理：

定理6.1 对于任意的时间周期t，$v_t(\boldsymbol{z}_t)$是关于$\boldsymbol{z}_t$的$L^\natural$凸性函数，优化解（$y_t(\boldsymbol{z}_t)$，$u_t(\boldsymbol{z}_t)$）是关于$\boldsymbol{z}_t$的单调增函数但具有有限的灵敏性，即对任意的$\omega>0$，我们有：

$$y_t(\boldsymbol{z}_t)\leqslant y_t(\boldsymbol{z}_t+\omega\mathbf{e})\leqslant y_t(\boldsymbol{z}_t)+\omega,\quad u_t(\boldsymbol{z}_t)\leqslant u_t(\boldsymbol{z}_t+\omega\mathbf{e})\leqslant u_t(\boldsymbol{z}_t)+\omega$$

证明 用数学归纳法来证明上面的定理。首先，在最后的时间周期，假设$v_{T+L+1}(\boldsymbol{z}_t)=0$；然后假设$v_{t+1}$是$L^\natural$凸性函数，根据引理2.2，对于任意给定的$d_t$，$v_{t+1}[(z_{t,2},\cdots,z_{t,L},y_t)-(d_t+u_t)\boldsymbol{e}]$是关于$(\boldsymbol{z}_t,y_t,u_t)$的$L^\natural$凸性函数，这样$\alpha v_{t+1}[(z_{t,2},\cdots,z_{t,L},y_t)-(d_t+u_t)\boldsymbol{e}]$也是$L^\natural$凸性函数。根据引理2.1，可以得到式（6-2）中的其他参数项也是关于$(\boldsymbol{z}_t,y_t,u_t)$的$L^\natural$凸性函数（这也就是为什么我们定义新的决策变量$u_t=-q_t^e$的原因）。因此，$g_t$是关于$(\boldsymbol{z}_t,y_t,u_t)$的$L^\natural$凸性函数。最后，根据引理2.4可以得到$v_t(\boldsymbol{z}_t)$是$L^\natural$凸性函数，同时满足定理6.1中所刻画的不等式。

证明完毕。

6.2 算法设计

由于本章要解决的问题是之前第5章的拓展，基于凸性函数的二次近似和近似动态规划理论来设计线性规划贪婪算法的思路基本同第5章一致。因此本节省略类似的详细算法设计过程，主要列举在考虑了供应商产能不确定性后在算法设计上的不同点。

6.2.1 近似动态规划的线性规划表述

当进一步考虑双源采购问题中供应商产能不确定性后，相应的精确线性规划表述为：

$$\max \sum_{\mathbf{z} \in \mathcal{Z}} \omega_{\mathbf{z}} v(z)$$

$$\text{S.t.}\, v(z) \leqslant E\Big[c_r\big(y \wedge (z_L + K_r) - z_L\big) - c_e\big(u \vee \tilde{K}_e\big) + B\big(z_1 - u \vee \tilde{K}_e\big) + \alpha v(z_+)\Big] \quad \forall z \in \mathcal{Z},\ y \geqslant z_L,\ u \leqslant 0$$

其中，$z_+ = [(z_2, \cdots, z_L, y \wedge (z_k + k_{r,t})) - (d_t + u \vee \tilde{k}_{e,t})\mathbf{e}]$，$\mathcal{Z}$代表状态空间，$\{\omega_{\mathbf{z}}\}_{\mathbf{z} \in \mathcal{Z}}$为各个状态所对应的权重。仍然用二次函数来近似$L^\natural$凸性函数后，得到的近似线性规划为：

$$\max_{\substack{\{\mu_l\}_{l=1}^{L} \\ \{\mu_{lk} | l < k \leqslant L\} \\ \{\lambda_l\}_{l=1}^{L},\ \nu}} \sum_{\mathbf{z} \in \overline{Z}_{\hat{p}}} \Big(\sum_{l=1}^{L} \mu_l z_l^2 + \sum_{l,\,k:\ l < k \leqslant L} \mu_{lk} (z_l - z_k)^2 + \sum_{l=1}^{L} \lambda_l z_l + \nu \Big) \tag{6-4}$$

$$S.t. \sum_{l=0}^{L-1} \mu_l z_l^2 + \sum_{l,\,k:\ l < k \leqslant L} \mu_{lk}\big(z_l - z_k\big)^2 + \sum_{l=0}^{L} \lambda_l z_l + \nu$$

$$\leqslant \alpha E\Big[\sum_{l=0}^{L-1} \mu_l z_{l,+}^2 + \sum_{l,\,k:\ l < k \leqslant L} \mu_{lk}\big(z_{l,+} - z_{k,+}\big)^2 + \sum_{l=0}^{L} \lambda_l z_{l,+} + \nu\Big] + c_r\big(y \wedge (z_L + K_r) - z_L\big) - c_e\big(u \vee \tilde{K}_e\big) + B\big(z_1 - u \vee \tilde{K}_e\big) \quad \forall z \in \overline{Z}_{\hat{p}},\ y \geqslant z_L,\ u \leqslant 0$$

$\mu_l \geqslant 0 \forall l = 0, \cdots, L$

$\mu_{lk} \geqslant 0 \forall l, k: l < k \leqslant L,$

其中，$\hat{p}$是双源采购问题中某个性能优异的启发式算法，$\overline{\mathcal{Z}}_{\hat{p}}$是在启发式策略$\hat{p}$下所产生的一个比较长周期的样本状态轨迹(trajectory)。这里，严格来说，$\overline{\mathcal{Z}}_{\hat{p}}$不是一个集合，它代表在启发式策略$\hat{p}$下模拟系统所产生的状态踪迹，因此在上面的近似线性规划中，直接在$\overline{\mathcal{Z}}_{\hat{p}}$求和就可以代表各个出现的状态所对应的权重。

定义 $\{\tilde{\mu}_l\}_{l=1}^{L}$，$\{\tilde{\mu}_{lk} | l < k \leqslant L\}$，$\{\tilde{\lambda}_l\}_{l=1}^{L}$，$\tilde{\nu}$为上面近似线性规划式（6-4）的最优解。这样我们就得到了随机动态规划模型中值函数$f(\mathbf{z})$的二次近似，写成更方便的矩阵表述为：

$$\tilde{f}^{ADP}(\boldsymbol{v}) = \boldsymbol{z}^{\mathrm{T}}\tilde{\boldsymbol{Q}}\boldsymbol{z} + \tilde{\boldsymbol{\lambda}}^{\mathrm{T}}z + \tilde{\nu}$$

其中，向量$\tilde{\boldsymbol{\lambda}}$为：

$$\tilde{\boldsymbol{\lambda}} = \left(\tilde{\lambda}_1, \tilde{\lambda}_2, \cdots, \tilde{\lambda}_L\right)$$

矩阵$\tilde{\boldsymbol{Q}}$为：

$$\tilde{\boldsymbol{Q}} = \sum_{i=1}^{L}\tilde{\mu}_i \boldsymbol{E}_{(i)} + \sum_{i, j: i \neq j}\tilde{\mu}_{ij}\boldsymbol{E}_{(ij)}$$

除此之外，本章用$\tilde{Q}_{m:n, p:q}$来表示矩阵$\tilde{Q}$中第m行到第$n-th$行之间，第p列到第q列之间的子矩阵。

6.2.2 基于二次近似的启发式算法

在本小节中，我们基于上面近似线性规划（6-4）中所得到的二次近似$\tilde{f}^{ADP}$为双源采购问题提出“线性规划贪婪（LPg）”算法。“线性规划贪婪”策略如下所示：

$$\left(y^{LPg}(z), u^{LPg}(z)\right) = \arg\min_{y \geqslant z_L, u \leqslant 0}\{E[c_r\left(y \wedge \left(z_L + K_r\right) - z_L\right) - c_e\left(u \vee \tilde{K}_e\right) + B\left(z_1 - u \vee \tilde{K}_e\right) + \alpha\tilde{f}^{ADP}\left(z_+\right)]\} \tag{6-5}$$

其中，$B(x)=\alpha^{l_r}E\left[h^{+}\left(x-d_{[t,\ t+l_r]}\right)^{+}+h^{-}\left(d_{[t,\ t+l_r]}-x\right)^{+}\right]$，$z_{+}=(z_2,\ \cdots,\ z_L,\ y\wedge(z_L+K_r))-(d_t+u\vee\tilde{K}_e)\boldsymbol{e}$。

二次近似后的值函数$\tilde{f}^{ADP}(\mathbf{z})$是关于状态$\mathbf{z}$的凸函数，然而求解式（6-5）的主要困难来自$y\wedge(z_L+K_r)$以及$u\vee\tilde{K}_e$。因此总的来说，由于供应商随机产能$K_r$，$K_e$的存在，求解式（6-5）中的优化问题不是关于决策变量y，u的凸优化问题。下面我们引入来自Chen等（2018）的一个引理，有兴趣的读者可以在Chen等（2018）中查看关于这个引理更详细的假设以及条件等，本节直接给出主要内容：

引理6.1 考虑优化问题$\inf\limits_{u\in\mathcal{U}}E[f(u\Delta_k\Xi)]$，其中$\Xi$表示随机变量，$\xi$表示它的一个可能实现，$u\Delta_k\xi\triangleq(u_1\vee\xi_1,\ \cdots,\ u_k\vee\xi_k,\ u_{k+1}\wedge\xi_{k+1},\ \cdots,\ u_n\wedge\xi_n)$。那么在一定条件下，原优化问题$\inf\limits_{u\in\mathcal{U}}E[f(u\Delta_k\Xi)]$和下面的优化问题具有同样的目标值：

$$\inf E\left[f\left(v_1(\Xi_1),\ \cdots,\ v_n(\Xi_n)\right)\right]$$

$$\text{S.t. } v_j(\xi_j)\leqslant\xi_j\quad\forall\xi_j\in\mathrm{X},\ j=1,\ \cdots,\ k$$

$$v_j\left(\xi_j\right)\geqslant\xi_j\quad\forall\xi_j\in X,\ j=k+1,\ \cdots,\ n$$

$$(v_1(\xi_1),\ \cdots,\ v_n(\xi_n))\in\mathrm{V}\quad\forall\xi\in\mathrm{X}$$

其中，$\mathcal{X}=Supp(\Xi)$表示随机变量Ξ的整个支持集，集合$\mathcal{V}=\left\{u\Delta_k\xi:\ u\in\mathcal{U},\ \xi\in\mathcal{X}\right\}$。

基于上面的引理6.1，本章引入两类新的决策变量$v_1(K_r)$，$v_2(\tilde{K}_e)$来替代原优化问题式（6-5）中的$y\wedge(z_L+K_r)$，$u\vee\tilde{K}_e$，把原来的优化问题转化为一个关于决策变量$v_1(K_r)$，$v_2(\tilde{K}_e)$的等价凸优化问题。利用转化后凸优化的特性可以使寻找最优解的过程变得更为有效，很多经典的一维搜索（line search）算法可以用来帮助我们有效地找到最优解。

6.2.3 启发式策略 $\hat{p}$ 的选择

同第 4 章中一样，选择合适的启发式策略 $\hat{p}$ 面临着效用（effectiveness）和效率（efficiency）的权衡。根据 De Farias 和 Van Roy（2003，2004），启发式策略 $\hat{p}$ 在选取时应该尽可能接近所研究问题的最优策略来产生近似动态规划式（6-4）中的状态权重、样本约束集等，这样能够提高二次近似函数 $\tilde{f}^{ADP}$ 的精确度，但是据我们所知，学术界到目前为止还没有研究供应商产能不确定时的双源采购问题，因此我们仍然从不考虑供应商风险的双源采购文献中选取启发式策略 $\hat{p}$。根据同样的逻辑，本章仍然选取双指数（dual index，DI）策略来作为启发式策略 $\hat{p}$。

同样地，我们随机生成长度为 11 000 个时间周期的需求，用得到的最优 DI 策略来对双源采购系统进行仿真模拟得到 11 000 个时间周期内的状态踪迹。我们去掉用来预热（warm-up）系统的前 1 000 个时间周期来消除从初始 0 状态开始仿真系统的瞬时效应，将剩下的 10 000 个时间周期的状态用来作为我们用在近似动态规划式（6-4）中的样本系统状态 $\overline{\mathcal{Z}}_{\hat{p}}$。通过求解近似动态规划式（6-4）得到二次近似 $\tilde{f}^{ADP}$ 中的系数 $\{\tilde{\mu}_l\}_{l=1}^{L}$，$\{\tilde{\mu}_{lk} | l < k \leq L\}$，$\{\tilde{\lambda}_l\}_{l=1}^{L}$，$\tilde{\nu}$。然后，我们基于之前提出的线性规划贪婪算法对双源采购系统仿真模拟 100 000 个时间周期来得到相应的平均时间成本。除了设计不同类型的数值实验来表明我们所设计的线性规划贪婪算法比其他双源采购文献中常用的启发式算法有更好的性能之外，本章进一步通过信息松弛的方法计算双源采购问题的成本下界来进一步说明我们所设计算法的有效性。

6.3 供应商产能不确定时双源采购问题的下界

当考虑双源采购问题中供应商产能不确定时，“维数灾难”的情况进一步加剧，这样使得基于随机动态规划中值迭代（value iteration）的方法来得到问题的最优成本就变得更加不可行，为了进一步验证我们所设计的线性规划贪婪算法的有效性，我们在本节中介绍怎样得到原问题的下界（lower bound）来作为另外一个基准（benchmark）。

基于Brown等（2010）中的对偶方法，求得原双源采购问题的下界需要放松信息集合（即企业在做采购决策时可以得到的信息，比如在本问题中指供应商产能和市场需求）以及征收相应的惩罚成本以补偿信息松弛带来的影响。信息松弛方法的关键是需要构造一个依赖于问题本身的惩罚成本用来尽量抵消由于放松信息集合所产生的成本差异，同时需要保证加入惩罚函数后得到的相应的新问题能够有效地求解。本章所提出的线性规划贪婪算法本身就可以帮助我们构造惩罚函数，下面将说明怎样基于这样的方法得到原问题的下界。

首先，我们完全松弛企业的信息集合，即企业在整个时间周期初做订货决策时就可以知道未来所有时间的供应商随机产能和市场需求的具体实现。我们给出与原问题式（6-1）、式（6-2）相匹配的依赖于某个样本路径（sample-path）的确定性动态规划，具体来说，给定任何一个随机产能和市场需求的样本路径$\{k_r, k_e, d\}_1^T$，相应的Bellman方程为：

$$v_t(z|\{k_r, k_e, d\}_t^T) = \min_{y \geq z_L,\ u \leqslant 0}\left\{g_t\left(z, y \wedge \left(z_k + k_{r,t}\right), u \vee \tilde{k}_{e,t}\right)\right\}$$

其中，

$$g_t(z, y, u)=c_r(y-z_L)-c_e u+B(z_1-u)+\alpha v_{t+1}((z_2, \cdots, z_L, y)-(d_t+u)e|\{k_r, k_e, d\}_{t+1}^T)$$

其中，

$$B(x)=\alpha^{l_e}h^+(x-d_{[t, t+l_e]})^+ + h^-(d_{[t, t+l_e]}-x)^+$$

根据简森不等式（Jenson's inequality）和值函数的凸性质，对于 $t=1, \cdots, T$，可以得到 $Ev_t(z|\{k_r, k_e, d\}_t^T)\leqslant v_t(z)$，其中式子左边的期望指的是 $v_t(z|\{k_r, k_e, d\}_t^T)$ 在所有样本路径上的平均值。也就是说，如果企业在一开始就知道将来关于不确定产能和市场需求的所有信息（perfect information），企业的总成本更低。

然而，上面考虑完美信息状况所得到的下界过于保守，Brown等（2010）中的命题2.2给出了怎样针对完美信息松弛所得到的下界进行有效的惩罚。根据Brown等（2010）的方法，基于某个合适的函数 W_t，对每个时间周期 t 和可能的样本路径 $\{k_r, k_e, d\}_t^T$ 构造的惩罚成本函数为：

$$W_t(z, y, u)-W_t(z, y, u|\{k_r, k_e, d\}_t^T)$$

这样，可以根据下面问题所有样本路径的平均值得到下界 $v_t^D(z|\{k_r, k_e, d\}_t^T)=\min\limits_{y\geqslant z_L, u\leqslant 0}\{c_r(y\wedge(z_k+k_r)-z_L)-c_e(u\vee\tilde{k}_e)+B(z_1-u\vee\tilde{k}_e)+W_t(z, y, u)-W_t(z, y, u|\{k_r, k_e, d\}_t^T)+\alpha v_{t+1}^D((z_2, \cdots, z_L, y\wedge(z_k+k_r))-(d_t+u\vee\tilde{k}_e)e|\{k_r, k_e, d\}_{t+1}^T)\}$，其中 $B(x)=\alpha^{l_e}h^+(x-d_{[t, t+l_e]})^+ + h^-(d_{[t, t+l_e]}-x)^+$。上标 D 代表包括惩罚成本后的确定性值函数。

惩罚函数需要尽量包含额外供应商产能和需求信息的价值。为了达到这个目的，基于给定的样本路径，我们采用式（6-5）中刻画的由线性规划贪婪算法所得到的值函数。具体来说，本章用近似值函数 $\tilde{v}_t(z)$ 和 $\tilde{v}_t(z|\{k_r, k_e, d\}_t^T)$ 来构造惩罚函数，其中

$\tilde{v}_t(\mathbf{z}|\{k_r, k_e, d\}_t^T)$代表$\tilde{v}_t(z)$依赖于样本路径的相应部分。因此，定义的近似值函数分别为：

$$\tilde{v}_t(z) = \min_{y \geq z_L,\ u \leq 0}\Big\{E[c_r(y \wedge (z_L + K_r) - z_L) - c_e(u \vee \tilde{K}_e) + B(z_1 - u \vee \tilde{K}_e) + \alpha \tilde{f}^{ADP}(z_+)]\Big\},$$

$$\tilde{v}_t(z|\{k_r, k_e, d\}_t^T) = \min_{y \geq z_L,\ u \leq 0}\Big\{c_r(y \wedge (z_L + k_r) - z_L) - c_e(u \vee \tilde{k}_e) + B(z_1 - u \vee \tilde{k}_e) + \alpha \tilde{f}^{ADP}(z_+)\Big\}$$

这样，被选择的函数W_t可以表述为下面的近似值函数：

$$W_t(\mathbf{z}, y, u) = E[c_r(y \wedge (z_L + K_r) - z_L) - c_e(u \vee \tilde{K}_e) + B(z_1 - u \vee \tilde{K}_e) + \alpha \tilde{f}^{ADP}(z_+)]$$

$$W_t(\mathbf{z}, y, u|\{k_r, k_e, d\}_t^T) = c_r(y \wedge (z_L + k_r) - z_L) - c_e(u \vee \tilde{k}_e) + B(z_1 - u \vee \tilde{k}_e) + \alpha \tilde{f}^{ADP}(z_+)$$

惩罚函数依赖于状态$\mathbf{z}$和订货决策y，u。

定理 6.2 $v_1^D(\mathbf{z}|\{k_r, k_e, d\}_1^T)$的所有可能样本路径平均值，是原来供应商产能和市场需求均不确定情形下双源采购问题（6-1）中$v_1(\mathbf{z})$的下界。

计算$v_1^D(\mathbf{z}|\{k_r, k_e, d\}_1^T)$的最优值需要求解一个确定性的动态规划问题，这样可以极大地减轻我们的计算负担。

6.4 数值实验

6.4.1 计算过程和数值实验设计

本章首次就供应商产能不确定时的双源采购问题进行讨论，之前学术界并没有针对此问题给出有效的启发式算法。因此，本章除了仍然将所设计的线性规划贪婪算法同文献中不考虑供应商产能时的一些常用启发式算法进行比较外，还通过前面提到的信息松弛的方法计算双源采购问题的成本下界来进一步说明所设计的算法的有效性。即使在不考虑供应商产能的情况下，找到最优的具体BWB启发式策略也需要三维的搜索过程，所以在引入供应商产能不确定性后将会更加耗费时间，因此与第4章不同的是，本章只比较与双源采购文献中提到的TBS策略、DI策略、BVBS策略的性能差异。

关于数值试验，我们仍然选取来自Scheller-Wolf等（2007）和Hua等（2015）两篇论文中所设计的数值实验参数。实验参数分别见表6-1和表6-2。

表6-1　　　一致离散分布的24个数值实验参数

c_r	h^+	Demand	c_e	h^-	L	l_e
1 000	5	$U[0,4]$，$U[0,8]$	1020，1050，1100	95，495	2，3	0，1

表6-2　　　3种不同需求分布的132个数值实验集

c_r	h^+	Demand	c_e	h^-	L	l_e
0	5	Geometric（0.5），Geometric（0.4），Normal（3，1）	10，20，30	15，20，85/3，45，95	2，3，4	0

然而，两表中的数值实验参数未考虑供应商产能的不确定性，因此我们分别对数值实验中关于常规供应商和紧急供应商的产能做进一步假设，并且使每种供应商不确定产能的期望值等于市场需求的期望值。具体来说，对于表6-1的离散均匀需求U［0，4］，U［0，8］，假设两种供应商的随机产能均分别为离散均匀分布{0，2，4}，{0，4，8}；对于表6-2中几何分布（参数为0.5），几何分布（参数为0.4），正态分布（参数为3，1）3种不同类型的需求分布，假设两种供应商的随机产能均分别为离散均匀分布{0，1，2}，{0，3}，{0，3，6}。

同第5章一样，我们假设企业面临整数的需求，因此离散的一致分布和几何分布可以直接应用在我们的数值实验中。同时我们对正态分布做一些调整：首先，由于企业需求是非负的，我们切割正态分布到[0，+∞]的区间范围里；其次，由于订单数量和企业需求均为整数，我们对连续的正态分布做如下离散化：$f(0)=F(0.5)$，并且$f(x)=F(x+0.5)-F(x-0.5)$，对于x=1，2，…。其中$f(x)$是概率密度函数，$F(x)$是切割后正态分布的累计分布函数。

6.4.2 数值实验结果

对每组具体的数值实验，本节不仅分别考察LPg策略相对于TBS、DI、BVBS策略所具有的成本优势，同时也比较LPg策略与基于前面6.3节中信息松弛方法得到下界的差异：*PI*_1=（TBS-LPg）/TBS×100%，*PI*_2=（DI-LPg）/DI×100%，*PI*_3=（BVBS-LPg）/BVBS×100%，Gap=（LPg-Lower bound）/LPg×100%，其中Gap则代表LPg策略与最优策略之间差异的上界。

表6-3中分别详细展示了TBS、DI、BVBS、LPg策略与表6-1中每组不同数值实验计算所分别对应的平均成本和平均成本下界。从表6-3可以发现，LPg策略比其他启发式策略有更好的性能。具体来说，LPg策略可以比TBS得到明显的16.92%的成本优势，相比DI策略有2.90%成本优势。

表6-3 TBS、DI、BVBS、LPg策略所分别对应的平均成本和平均成本下界

l_e, l_r	c_e	Demand	K_e, K_r	h^-	TBS	PI_1	DI	PI_2	BVBS	PI_3	LPg	Lower bound	GAP
0，2	20	U[0，4]	{0，2，4}	95	48.77	22.27%	39.12	3.10%	38.79	2.28%	37.91	36.82	2.86%
0，2	20	U[0，4]	{0，2，4}	495	103.21	12.88%	92.62	2.92%	91.64	1.88%	89.92	88.37	1.72%
0，2	50	U[0，4]	{0，2，4}	95	56.54	17.61%	48.80	4.54%	47.83	2.62%	46.58	45.27	2.83%
0，2	50	U[0，4]	{0，2，4}	495	115.32	12.78%	102.93	2.28%	102.34	1.71%	100.59	99.30	128%
0，2	100	U[0，4]	{0，2，4}	95	74.37	16.45%	64.98	4.38%	64.14	3.13%	62.13	60.38	2.83%
0，2	100	U[0，4]	{0，2，4}	495	132.44	12.17%	118.84	2.11%	118.53	1.86%	116.33	114.57	1.51%

续表

l_e, l_r	c_e	Demand	K_e, K_r	h^-	TBS	PI_1	DI	PI_2	BVBS	PI_3	LPg	Lower bound	GAP
0, 3	20	U [0, 4]	{0, 2, 4}	95	49.98	24.03%	39.50	3.87%	38.96	2.54%	37.97	36.79	3.11%
0, 3	20	U [0, 4]	{0, 2, 4}	495	105.48	14.93%	93.12	3.64%	92.19	2.67%	89.73	88.16	1.75%
0, 3	50	U [0, 4]	{0, 2, 4}	95	58.80	19.63%	49.54	4.60%	48.71	2.97%	47.26	46.58	1.43%
0, 3	50	U [0, 4]	{0, 2, 4}	495	117.16	14.11%	103.24	2.52%	102.27	1.60%	100.63	99.58	1.05%
0, 3	100	U [0, 4]	{0, 2, 4}	95	75.69	14.99%	66.72	3.56%	66.00	2.50%	64.35	62.82	2.38%
0, 3	100	U [0, 4]	{0, 2, 4}	495	133.95	11.66%	120.32	1.65%	120.09	1.46%	118.33	116.55	1.50%
0, 3	20	U [0, 8]	{0, 4, 8}	95	90.85	20.79%	74.18	2.99%	73.30	1.83%	71.96	69.83	2.97%
0, 3	20	U [0, 8]	{0, 4, 8}	495	184.92	22.61%	145.82	1.85%	144.87	1.21%	143.12	141.99	0.79%
0, 3	50	U [0, 8]	{0, 4, 8}	95	110.66	20.58%	90.24	2.61%	89.50	1.80%	87.88	85.61	2.58%
0, 3	50	U [0, 8]	{0, 4, 8}	495	193.17	18.17%	160.63	1.59%	159.82	1.09%	158.08	156.61	0.93%
0, 3	100	U [0, 8]	{0, 4, 8}	95	143.41	22.38%	114.54	2.81%	113.75	2.14%	111.32	110.30	0.91%
0, 3	100	U [0, 8]	{0, 4, 8}	495	210.09	12.92%	185.31	1.28%	184.80	1.00%	182.95	181.61	0.73%
1, 4	20	U [0, 4]	{0, 2, 4}	95	50.76	21.24%	41.60	3.90%	40.88	2.19%	39.98	39.02	2.41%
1, 4	20	U [0, 4]	{0, 2, 4}	495	106.98	14.50%	93.56	2.23%	93.22	1.88%	91.47	89.68	1.96%
1, 4	50	U [0, 4]	{0, 2, 4}	95	60.53	19.64%	50.52	3.72%	49.76	2.24%	48.64	47.33	2.70%
1, 4	50	U [0, 4]	{0, 2, 4}	495	118.97	13.70%	104.87	2.10%	104.64	1.89%	102.67	101.14	1.49%
1, 4	100	U [0, 4]	{0, 2, 4}	95	77.51	15.34%	67.89	3.35%	67.47	2.74%	65.62	64.45	1.78%
1, 4	100	U [0, 4]	{0, 2, 4}	495	134.76	10.80%	122.78	2.09%	122.54	1.90%	120.21	118.61	1.33%
Average					106.43	16.92%	91.32	2.90%	90.67	2.05%	88.98	87.56	1.87%

相对于在不考虑供应商不确定产能时表现良好的BVBS策略，LPg策略仍然可以得到2.05%的成本优势。从成本下界的比较可以看到，本章所设计的LPg策略与原问题最优策略之间的成本差异最多只有1.87%。

同第5章一样，为了便于展示，我们在表6-4中根据表6-2中3种不同的需求类型进行分类并分别给出每种需求类型在不同启发式策略下对应的平均性能表现和平均成本下界。可以看到，

LPg 策略可以分别比 TBS、DI、BVBS 策略节省 21.98%、4.86%、2.65% 的成本。从成本下界的比较可以看到，本章所设计的 LPg 策略与原问题最优策略之间的成本差异最多只有 2.13%。更详细的数值实验结果可以查看本章末 6.6 中表 6-5、表 6-6、表 6-7。

表6-4 TBS、DI、BVBS、LPg 策略在几何分布（参数为 0.5）、几何分布（参数为 0.4）、正态分布（参数为3，1）所分别对应的平均成本和平均成本下界

Demand distribution	TBS	PI_1	DI	PI_2	BVBS	PI_3	LPg	Lower bound	Gap
Geometric（0.5）	40.42	23.50%	32.49	4.95%	31.75	2.61%	30.94	30.31	2.14%
Geometric（0.4）	61.44	25.67%	47.51	4.79%	46.62	2.87%	45.27	44.24	2.25%
Normal（3，1）	37.45	16.77%	32.67	4.84%	31.91	2.48%	31.12	30.49	2.01%
Average	46.44	21.98%	37.56	4.86%	36.76	2.65%	35.78	35.01	2.13%

6.5 本章小结

本章在上一章的基础上同时考虑了供应商产能不确定时任意供应提前期的双源采购问题，其中企业从常规供应商和紧急供应商所得到的实际产品数量分别被相应供应商实现的随机产能所截取，企业得到的实际产品数量是订货量和供应商实际实现产能的最小值，这样使得整个问题变成一个非凸优化问题。目前仅有一些研究针对任意供应提前期的双源采购问题提出了启发式算法，但没有任何研究同时考虑了供应商产能不确定时的情形。

本章首先利用 Chen 等（2018）提出的一个巧妙的转换技巧证明随机动态规划模型中各个时间周期的值函数具有 $L^{\natural}$ 凸性；然后基于

$L^{\natural}$凸性值函数的二次近似设计了线性规划贪婪算法，并运用一些转换技巧把非凸问题转化为一个凸优化问题；最后利用数值实验与已有文献中的双源采购算法进行比较来验证我们算法的有效性，还基于信息松弛的方法计算了存在供应商风险时双源采购问题的成本下界，以进一步论证我们所设计算法的有效性。

本章中假设常规供应商和紧急供应商的随机产能风险是相互独立的，然而现实中供应商的风险可能存在关联性，比如自然灾害等因素可能会同时导致同一区域供应商的破坏或者交通运输的不确定性，这种情形值得我们在未来予以关注。

6.6 表6-2中的详细数值实验

表6-5 TBS、DI、BVBS、LPg 策略在几何分布（参数为 0.5）以及供应商随机产能为 $K_e=K_r=\{0, 1, 2\}$时所分别对应的平均成本和平均成本下界

l_e, l_r	c_e	h^-	TBS	PI_1	DI	PI_2	BVBS	PI_3	LPg	Lower bound	GAP
0，2	10	15	40.30	26.08%	31.61	5.75%	30.74	3.08%	29.79	29.14	2.18%
0，2	10	20	45.20	24.52%	35.64	4.29%	34.94	2.35%	34.11	33.55	1.65%
0，2	10	85/3	51.41	24.76%	40.83	5.28%	39.74	2.67%	38.68	37.93	1.93%
0，2	10	45	60.49	24.37%	47.96	4.62%	47.20	3.07%	45.75	44.95	1.75%
0，2	10	95	85.53	31.10%	61.13	3.59%	60.39	2.40%	58.93	57.78	1.95%
0，2	20	15	44.98	26.13%	34.92	4.85%	34.07	2.48%	33.23	32.50	2.20%
0，2	20	20	49.80	25.93%	38.86	5.08%	38.08	3.13%	36.88	36.02	2.34%
0，2	20	85/3	55.87	24.82%	43.94	4.42%	43.05	2.43%	42.00	41.06	2.23%
0，2	20	45	64.63	24.88%	51.18	5.12%	50.34	3.55%	48.55	47.14	2.90%
0，2	20	95	88.53	32.21%	63.51	5.50%	62.43	3.87%	60.01	58.62	2.33%

续表

l_e, l_r	c_e	h^-	TBS	PI_1	DI	PI_2	BVBS	PI_3	LPg	Lower bound	GAP
0，2	30	15	50.04	28.42%	38.13	6.07%	37.06	3.36%	35.81	34.74	3.01%
0，2	30	20	54.84	26.43%	42.14	4.25%	41.42	2.59%	40.35	39.33	2.52%
0，2	30	85/3	60.90	26.49%	47.18	5.11%	46.18	3.07%	44.76	43.41	3.03%
0，2	30	45	69.68	25.02%	54.19	3.57%	53.38	2.12%	52.25	51.26	1.89%
0，2	30	95	93.81	32.89%	66.25	4.98%	65.38	3.71%	62.96	61.33	2.58%
0，3	10	15	40.28	24.21%	32.61	6.37%	31.69	3.66%	30.53	29.93	1.96%
0，3	10	20	45.18	24.21%	36.58	6.38%	35.50	3.54%	34.24	33.36	2.57%
0，3	10	85/3	51.39	22.35%	41.76	4.45%	40.89	2.42%	39.90	38.86	2.61%
0，3	10	45	60.44	23.16%	49.02	5.25%	47.93	3.09%	46.45	45.70	1.61%
0，3	10	95	85.45	30.14%	61.70	3.25%	60.88	1.95%	59.70	58.56	1.91%
0，3	20	15	45.47	25.40%	35.86	5.41%	34.88	2.75%	33.92	33.29	1.86%
0，3	20	20	50.39	24.66%	39.92	4.89%	38.95	2.53%	37.97	36.99	2.57%
0，3	20	85/3	56.64	23.75%	45.09	4.21%	44.17	2.22%	43.19	41.96	2.85%
0，3	20	45	65.76	23.57%	52.40	4.08%	51.42	2.26%	50.26	49.23	2.05%
0，3	20	95	90.88	31.35%	65.12	4.19%	64.16	2.75%	62.39	60.68	2.75%
0，3	30	15	50.63	25.43%	39.33	4.01%	38.56	2.09%	37.75	36.78	2.58%
0，3	30	20	55.56	25.59%	43.42	4.77%	42.66	3.10%	41.34	40.72	1.51%
0，3	30	85/3	61.84	25.32%	48.63	5.04%	47.53	2.84%	46.18	45.04	2.46%
0，3	30	45	71.04	25.01%	55.85	4.62%	55.09	3.29%	53.27	52.14	2.12%
0，3	30	95	96.51	32.02%	68.56	4.31%	67.85	3.30%	65.61	63.66	2.97%
0，4	10	15	40.55	22.50%	33.38	5.86%	32.45	3.18%	31.42	30.95	1.50%
0，4	10	20	45.47	21.53%	37.45	4.72%	36.39	1.97%	35.68	34.88	2.24%
0，4	10	85/3	51.72	20.94%	42.71	4.26%	41.74	2.04%	40.89	40.00	2.18%
0，4	10	45	60.88	20.92%	50.18	4.05%	49.40	2.54%	48.15	47.07	2.24%
0，4	10	95	86.17	29.74%	63.24	4.26%	62.39	2.96%	60.54	58.89	2.73%

续表

l_e, l_r	c_e	h^-	TBS	PI_1	DI	PI_2	BVBS	PI_3	LPg	Lower bound	GAP
0, 4	20	15	44.99	23.48%	36.45	5.56%	35.56	3.21%	34.42	33.73	2.02%
0, 4	20	20	49.77	23.06%	40.45	5.34%	39.36	2.72%	38.29	37.23	2.76%
0, 4	20	85/3	55.85	22.57%	45.59	5.15%	44.83	3.54%	43.24	42.27	2.25%
0, 4	20	45	64.60	22.60%	52.77	5.25%	51.73	3.34%	50.00	49.22	1.56%
0, 4	20	95	88.33	30.03%	65.23	5.25%	64.27	3.84%	61.80	60.70	1.78%
0, 4	30	15	50.28	24.87%	39.78	5.04%	38.93	2.96%	37.78	36.77	2.65%
0, 4	30	20	55.20	24.07%	43.78	4.28%	43.01	2.55%	41.91	40.96	2.26%
0, 4	30	85/3	61.42	23.36%	48.96	3.85%	48.09	2.11%	47.07	46.25	1.74%
0, 4	30	45	70.49	23.98%	56.21	4.66%	55.31	3.12%	53.59	52.49	2.05%
0, 4	30	95	95.45	31.45%	68.52	4.51%	67.78	3.46%	65.43	63.82	2.47%
Average			61.44	25.67%	47.51	4.79%	46.62	2.87%	45.27	44.24	2.25%

表6-6 TBS、DI、BVBS、LPg 策略在几何分布（参数为0.4）以及供应商随机产能为 $K_e = K_r = \{0, 3\}$ 时所分别对应的平均成本和平均成本下界

l_e, l_r	c_e	h^-	TBS	PI_1	DI	PI_2	BVBS	PI_3	LPg	Lower bound	GAP
0, 2	10	15	40.30	26.08%	31.61	5.75%	30.74	3.08%	29.79	29.14	2.18%
0, 2	10	20	45.20	24.52%	35.64	4.29%	34.94	2.35%	34.11	33.55	1.65%
0, 2	10	85/3	51.41	24.76%	40.83	5.28%	39.74	2.67%	38.68	37.93	1.93%
0, 2	10	45	60.49	24.37%	47.96	4.62%	47.20	3.07%	45.75	44.95	1.75%
0, 2	10	95	85.53	31.10%	61.13	3.59%	60.39	2.40%	58.93	57.78	1.95%
0, 2	20	15	44.98	26.13%	34.92	4.85%	34.07	2.48%	33.23	32.50	2.20%
0, 2	20	20	49.80	25.93%	38.86	5.08%	38.08	3.13%	36.88	36.02	2.34%
0, 2	20	85/3	55.87	24.82%	43.94	4.42%	43.05	2.43%	42.00	41.06	2.23%
0, 2	20	45	64.63	24.88%	51.18	5.12%	50.34	3.55%	48.55	47.14	2.90%
0, 2	20	95	88.53	32.21%	63.51	5.50%	62.43	3.87%	60.01	58.62	2.33%

续表

l_e, l_r	c_e	h^-	TBS	PI_1	DI	PI_2	BVBS	PI_3	LPg	Lower bound	GAP
0, 2	30	15	50.04	28.42%	38.13	6.07%	37.06	3.36%	35.81	34.74	3.01%
0, 2	30	20	54.84	26.43%	42.14	4.25%	41.42	2.59%	40.35	39.33	2.52%
0, 2	30	85/3	60.90	26.49%	47.18	5.11%	46.18	3.07%	44.76	43.41	3.03%
0, 2	30	45	69.68	25.02%	54.19	3.57%	53.38	2.12%	52.25	51.26	1.89%
0, 2	30	95	93.81	32.89%	66.25	4.98%	65.38	3.71%	62.96	61.33	2.58%
0, 3	10	15	40.28	24.21%	32.61	6.37%	31.69	3.66%	30.53	29.93	1.96%
0, 3	10	20	45.18	24.21%	36.58	6.38%	35.50	3.54%	34.24	33.36	2.57%
0, 3	10	85/3	51.39	22.35%	41.76	4.45%	40.89	2.42%	39.90	38.86	2.61%
0, 3	10	45	60.44	23.16%	49.02	5.25%	47.93	3.09%	46.45	45.70	1.61%
0, 3	10	95	85.45	30.14%	61.70	3.25%	60.88	1.95%	59.70	58.56	1.91%
0, 3	20	15	45.47	25.40%	35.86	5.41%	34.88	2.75%	33.92	33.29	1.86%
0, 3	20	20	50.39	24.66%	39.92	4.89%	38.95	2.53%	37.97	36.99	2.57%
0, 3	20	85/3	56.64	23.75%	45.09	4.21%	44.17	2.22%	43.19	41.96	2.85%
0, 3	20	45	65.76	23.57%	52.40	4.08%	51.42	2.26%	50.26	49.23	2.05%
0, 3	20	95	90.88	31.35%	65.12	4.19%	64.16	2.75%	62.39	60.68	2.75%
0, 3	30	15	50.63	25.43%	39.33	4.01%	38.56	2.09%	37.75	36.78	2.58%
0, 3	30	20	55.56	25.59%	43.42	4.77%	42.66	3.10%	41.34	40.72	1.51%
0, 3	30	85/3	61.84	25.32%	48.63	5.04%	47.53	2.84%	46.18	45.04	2.46%
0, 3	30	45	71.04	25.01%	55.85	4.62%	55.09	3.29%	53.27	52.14	2.12%
0, 3	30	95	96.51	32.02%	68.56	4.31%	67.85	3.30%	65.61	63.66	2.97%
0, 4	10	15	40.55	22.50%	33.38	5.86%	32.45	3.18%	31.42	30.95	1.50%
0, 4	10	20	45.47	21.53%	37.45	4.72%	36.39	1.97%	35.68	34.88	2.24%
0, 4	10	85/3	51.72	20.94%	42.71	4.26%	41.74	2.04%	40.89	40.00	2.18%
0, 4	10	45	60.88	20.92%	50.18	4.05%	49.40	2.54%	48.15	47.07	2.24%
0, 4	10	95	86.17	29.74%	63.24	4.26%	62.39	2.96%	60.54	58.89	2.73%

续表

l_e, l_r	c_e	h^-	TBS	PI_1	DI	PI_2	BVBS	PI_3	LPg	Lower bound	GAP
0, 4	20	15	44.99	23.48%	36.45	5.56%	35.56	3.21%	34.42	33.73	2.02%
0, 4	20	20	49.77	23.06%	40.45	5.34%	39.36	2.72%	38.29	37.23	2.76%
0, 4	20	85/3	55.85	22.57%	45.59	5.15%	44.83	3.54%	43.24	42.27	2.25%
0, 4	20	45	64.60	22.60%	52.77	5.25%	51.73	3.34%	50.00	49.22	1.56%
0, 4	20	95	88.33	30.03%	65.23	5.25%	64.27	3.84%	61.80	60.70	1.78%
0, 4	30	15	50.28	24.87%	39.78	5.04%	38.93	2.96%	37.78	36.77	2.65%
0, 4	30	20	55.20	24.07%	43.78	4.28%	43.01	2.55%	41.91	40.96	2.26%
0, 4	30	85/3	61.42	23.36%	48.96	3.85%	48.09	2.11%	47.07	46.25	1.74%
0, 4	30	45	70.49	23.98%	56.21	4.66%	55.31	3.12%	53.59	52.49	2.05%
0, 4	30	95	95.45	31.45%	68.52	4.51%	67.78	3.46%	65.43	63.82	2.47%
Average			61.44	25.67%	47.51	4.79%	46.62	2.87%	45.27	44.24	2.25%

表6-7 TBS、DI、BVBS、LPg 策略在正态分布（参数为3，1）以及供应商随机产能为 $K_e = K_r = \{0, 3, 6\}$ 时所分别对应的平均成本和平均成本下界

l_e, l_r	c_e	h^-	TBS	PI_1	DI	PI_2	BVBS	PI_3	LPg	Lower bound	GAP
0, 2	10	15	24.46	16.67%	21.60	5.64%	20.94	2.68%	20.38	20.00	1.86%
0, 2	10	20	26.38	16.50%	23.42	5.97%	22.60	2.55%	22.02	21.60	1.94%
0, 2	10	85/3	29.48	16.65%	25.94	5.29%	25.27	2.77%	24.57	24.13	1.82%
0, 2	10	45	33.33	15.65%	29.72	5.40%	28.84	2.53%	28.11	27.62	1.76%
0, 2	10	95	40.08	13.90%	36.29	4.91%	35.61	3.09%	34.51	33.73	2.26%
0, 2	20	15	31.14	18.84%	26.66	5.21%	25.83	2.16%	25.27	24.78	1.94%
0, 2	20	20	33.06	16.32%	28.89	4.25%	28.24	2.03%	27.66	27.02	2.31%
0, 2	20	85/3	36.17	17.65%	31.09	4.19%	30.40	2.03%	29.78	29.21	1.91%
0, 2	20	45	40.01	15.74%	35.02	3.73%	34.40	1.98%	33.72	32.97	2.22%
0, 2	20	95	46.76	15.19%	41.40	4.21%	40.62	2.39%	39.66	38.90	1.92%

续表

l_e, l_r	c_e	h^-	TBS	PI_1	DI	PI_2	BVBS	PI_3	LPg	Lower bound	GAP
0, 2	30	15	37.71	21.90%	30.99	4.97%	30.18	2.44%	29.45	28.79	2.25%
0, 2	30	20	39.61	20.47%	33.02	4.60%	32.26	2.34%	31.50	30.81	2.20%
0, 2	30	85/3	42.72	21.00%	35.45	4.81%	34.72	2.82%	33.75	33.10	1.90%
0, 2	30	45	46.53	19.77%	39.14	4.63%	38.35	2.65%	37.33	36.67	1.77%
0, 2	30	95	53.29	18.24%	45.63	4.52%	44.83	2.83%	43.57	42.59	2.23%
0, 3	10	15	24.41	15.76%	22.01	6.56%	21.21	3.02%	20.57	20.08	2.36%
0, 3	10	20	26.34	15.39%	23.78	6.29%	22.99	3.07%	22.28	21.87	1.86%
0, 3	10	85/3	29.44	15.33%	26.35	5.41%	25.47	2.13%	24.92	24.39	2.14%
0, 3	10	45	33.30	13.32%	30.13	4.22%	29.47	2.07%	28.86	28.30	1.95%
0, 3	10	95	40.05	12.90%	36.68	4.89%	35.87	2.74%	34.89	34.10	2.27%
0, 3	20	15	31.13	17.27%	26.95	4.45%	26.28	2.01%	25.75	25.18	2.22%
0, 3	20	20	33.04	15.75%	29.20	4.65%	28.56	2.53%	27.84	27.35	1.73%
0, 3	20	85/3	36.16	17.51%	31.39	4.97%	30.60	2.54%	29.83	29.15	2.29%
0, 3	20	45	40.00	16.06%	35.33	4.95%	34.60	2.93%	33.58	32.78	2.39%
0, 3	20	95	46.81	14.65%	41.71	4.21%	40.97	2.48%	39.96	39.15	2.01%
0, 3	30	15	37.96	21.11%	31.47	4.85%	30.67	2.37%	29.94	29.25	2.31%
0, 3	30	20	39.89	20.25%	33.53	5.12%	32.70	2.71%	31.81	31.15	2.07%
0, 3	30	85/3	43.01	20.33%	35.95	4.70%	35.25	2.79%	34.26	33.67	1.72%
0, 3	30	45	46.90	19.21%	39.66	4.49%	38.87	2.52%	37.89	37.22	1.76%
0, 3	30	95	53.70	17.24%	46.22	3.85%	45.49	2.32%	44.44	43.58	1.93%
0, 4	10	15	24.46	13.85%	22.38	5.81%	21.52	2.08%	21.08	20.61	2.20%
0, 4	10	20	26.41	14.19%	24.12	6.04%	23.27	2.60%	22.66	22.15	2.26%
0, 4	10	85/3	29.53	13.56%	26.78	4.69%	26.11	2.21%	25.53	24.96	2.23%
0, 4	10	45	33.46	12.58%	30.62	4.46%	29.83	1.95%	29.25	28.71	1.85%
0, 4	10	95	40.33	12.09%	37.26	4.83%	36.48	2.81%	35.46	34.74	2.03%

续表

l_e, l_r	c_e	h^-	TBS	PI_1	DI	PI_2	BVBS	PI_3	LPg	Lower bound	GAP
0, 4	20	15	31.15	16.66%	27.31	4.92%	26.54	2.19%	25.96	25.53	1.67%
0, 4	20	20	33.09	15.35%	29.57	5.27%	28.71	2.43%	28.01	27.54	1.69%
0, 4	20	85/3	36.21	16.48%	31.77	4.81%	31.09	2.73%	30.24	29.72	1.71%
0, 4	20	45	40.11	14.69%	35.73	4.23%	35.04	2.33%	34.22	33.49	2.14%
0, 4	20	95	46.94	14.09%	42.12	4.25%	41.48	2.78%	40.33	39.52	2.00%
0, 4	30	15	37.84	20.60%	31.66	5.09%	30.77	2.37%	30.04	29.52	1.75%
0, 4	30	20	39.76	19.52%	33.68	5.01%	32.89	2.72%	32.00	31.36	2.00%
0, 4	30	85/3	42.88	19.70%	36.15	4.75%	35.40	2.74%	34.43	33.84	1.72%
0, 4	30	45	46.73	18.43%	39.86	4.37%	39.06	2.43%	38.12	37.49	1.64%
0, 4	30	95	53.58	16.41%	46.43	3.54%	45.67	1.92%	44.79	43.77	2.28%
Average			37.45	16.77%	32.67	4.84%	31.91	2.48%	31.12	30.49	2.01%

第 7 章

近似动态规划在需求分布信息未知时双源采购问题中的应用

7.1 问题描述与模型构建

在前面的第5章及第6章中，我们针对是否存在供应商风险分别研究了两种任意供应提前情形下的双源采购问题，和大部分研究双源采购问题的文献一样，我们仍然假定企业所面临的随机市场需求满足特定的概率分布，但是企业在做双源采购决策时一般只能获取产品的历史销售信息，而无法得知市场随机需求的真实分布。通过鲁棒优化，可在随机变量的具体分布未知时，以最坏情况为基础求出一个保守解。虽然得不到最优的优化方案，但当参数在给定的集合内发生变化时，该优化方案仍然可行。尽管鲁棒优化的方法已被广泛应用于多周期随机库存控制研究中，但其在多周期双源采购问题中的应用仍较为罕见。本章针对这一现实问题，探讨市场随机需求分布未知时企业的双源采购决策。

仍然考虑一个管理T周期的定期审查库存系统的公司，它有两个供应商：一个是有较长补货提前期l_r和单位订购成本c_r的常规供应商，另一个是有较短补货提前期l_e和单位订购成本c_e的紧急供应商。其中，l_r和l_e是正整数且$l_r > l_e$；没有固定的订购成本。两个供应商都产能有限且不确定，分别用K_t^r和K_t^e表示常规供应商和紧急供应商的产能。过程$\{K_t^r\}_{t=1}^T$和$\{K_t^e\}_{t=1}^T$在时间上都是独立的，并且它们彼此独立。连续周期的需求用d_t表示，它们是随机的并且随时间独立。为了方便起见，设$d_{[t,\ t+l]}$为从周期t到周期$t+l$的总需求。该公司的目的是找到一种双源采购策略，使规划时间范围内总折现成本最小化。

事件的顺序如下所示：在周期t开始时，公司会审查库存水平和未完成的订单，包括刚刚收到的订单，然后在观察供应商的产能K_t^r

和K_t^e之前，确定需要从两个供应商那里订购多少。设q_r和q_e分别为从常规渠道和紧急渠道订购的数量。在该周期内，当供应商交付补货订单时，公司会观察到供应商的产能，并且公司不被允许更改订单的数量。请注意，从常规和紧急供应商发运的库存量分别为$q_r \wedge K_{r,t}$和$q_e \wedge K_{e,t}$。在该周期结束时，需求会实现，并使用手头的库存（如果有的话）进行满足。未满足的需求会被积压下来延期交付，单位短缺成本为h^-。多余的库存会随着单位持有成本h^+被带入下一个周期。

系统状态由$s = (s_0, \cdots, s_{l_r-1})$表示，其中$s_0$是手头库存水平，$s_i$是从手头库存到未完成订单的渠道库存水平，这些订单将在i个周期后到达，$i = 1, \cdots, l_r - 1$，其中$s_0 \leqslant s_1 \leqslant \cdots \leqslant s_{l_r-1}$。状态空间由$S$表示。请注意，在真实状态系统中，$S = \{s \in \mathcal{R}^{l_r} | s_0 \leqslant s_1 \leqslant \cdots \leqslant s_{l_r-1}\}$，而对于离散状态系统，$S = \{s \in \mathcal{Z}^{l_r} | s_0 \leqslant s_1 \leqslant \cdots \leqslant s_{l_r-1}\}$。为方便起见，设$y = s_{l_r-1} + q_r$为来自常规渠道采购的目标订至点水平，$u = -q_e$，$\tilde{K}_{e,t} = -K_{e,t}$。

每个周期的订购决策最多只能影响l_e个周期后的库存水平。因此，我们可以使用标准的会计方法将未来的库存成本折现到当前周期，并且只有渠道库存水平$s_{l_e}, \cdots, s_{l_r-1}$会影响当前周期的订购决策。然后，我们将状态空间减少到$k = l_r - l_e$维状态空间。系统状态随后由$z = \left(z_1, \cdots, z_k\right)$表示，其中$z_i = s_{i+l-1}$，$i = 1, \cdots, k$。系统状态的状态转移为：

$$\tilde{z} = \left[\left(z_2, \cdots, z_k, y \wedge \left(z_k + K_{r,t}\right)\right) - \left(d_t + u \vee \tilde{K}_{e,t}\right)e\right]$$

其中，e是一个k维的全1向量。

设$\alpha \in (0, 1]$为折现因子。对于任意z定义$v_{T+k+1}(z) = 0$，最优性方程可以写成：对于$t = 1, \cdots, T + k$，

$$v_t(z)=\min_{y\geqslant z_k,\ u\leqslant 0}\left\{E\left[g_t\left(z,\ y\wedge\left(z_k+K_{r,\ t}\right),\ u\vee\tilde{K}_{e,\ t}\right)\right]\right\} \tag{7-1}$$

其中，

$$g_t(z,\ y,\ u)=c_r\left(y-z_k\right)-c_e u+B\left(z_1-u\right)+\alpha v_{t+1}\left[\left(z_2,\ \cdots,\ z_k,\ y\right)-\left(d_t+u\right)e\right]$$

并且，

$$B(x)=\alpha^{l_e}E\left[h^+\left(x-d_{[t,\ t+l_e]}\right)^+ + h^-\left(d_{[t,\ t+l_e]}-x\right)^+\right]$$

令 $y_t(z)$ 和 $u_t(z)$ 表示最优解。设 $q_{r,\ t}(z)$ 和 $q_{e,\ t}(z)$ 分别为对应的常规订单量和紧急订单量。

7.2 算法设计

在本节中，我们提出了两种算法。在第一种算法中，我们不使用动态规划中贝尔曼方程的方法来描述双源采购问题（如式（7-1）中所示），而直接利用线性决策规则（linear decision rule，LDR）来重新表述双源采购问题。我们将展示，使用LDR可以将一般的双源采购问题转化为可处理的二阶锥规划（second order cone programming，SOCP）问题。在第二种启发式算法中，我们基于LDR开发了一种新的近似动态规划算法，并发现在每个时间周期内，近似的值函数对于决策变量是凸的，这可以使过程更高效。

7.2.1 线性决策规则

由于存在产能不确定性和任意供应提前期差异，在原始问题中很难直接找到最优策略 $u_t(z)$ 和 $y_t(z)$，因此，一种自然的简化方法是限制候选策略空间。我们通过使用LDR对决策空间进行简化，将求解问题的策略空间从无限空间转化为有限空间，并对原始问题重新建模将其转化为能够处理的模型形式。线性决策规则的一个优点是它可以将原始的复杂多维随机动态规划问题转化为可处理的二阶锥规划问题（SOCP）。为了理解这一点，我们首先对LDR的概念进行简要回顾。LDR是在鲁棒优化领域中发展起来的，用于解决具有未知分布的随机优化问题，并且已经应用于多期库存问题（Chen et al.，2008；See and Sim，2010）。用LDR对问题重新进行建模，可分为两个步骤：第一步是将待定决策（recourse decision）限制为未知不确定性的线性或分段线性函数。因此，决策变量空间变为有限维度-有限数量的系数。第二步是在这些系数上找到可处理的优化问题的近似解。根据上述关于LDR的文献，我们给出如下定义：

定义7.1 LDR是一种用线性函数来近似未知函数的方法。LDR函数的因变量是独立于已经做出或将要做出的决策变量。这些变量包括外生不确定性过程和系统的初始状态变量。一般地，LDR可以写成：

$$y(\xi) = y^0 + \sum_{i=1}^{m} y^i \xi^i. \tag{7-2}$$

其中，$m = \sum_{t=1}^{T} n_t$，ξ是随机变量，y是决策变量。

一般情况下，如果在做出决策y时不能观察到ξ^k，则将一些系数赋值为零。但在双源采购问题中，当对不确定产能约束的订单进行建模时，我们让当前时间段的一些系数不为零。然后，将LDR代入原问题，进行等价的鲁棒对等变换，将原问题转化为可处理的二阶锥规划问题。一般来说，在使用LDR时，我们不使用动态规划中的贝尔曼方程来表述问题。关于如何使用一些等价的鲁棒对偶变换将原始问题公式化为SOCP的更全面描述可以在Chen等（2008）、See和Sim（2010）中找到。

在这里，双源采购问题的两阶经典LDR可以写成：

$$q_{e,t}(d_{t-1}, K_{e,t-1}, K_{r,t-1}) = a_{0,t} + \sum_{i=1}^{t-1} a_{i,t}^{d} d_i + \sum_{i=1}^{t-1} a_{i,t}^{e} K_{ei} + \sum_{i=1}^{t-1} a_{i,t}^{r} K_{ri}$$

$$t=1, \cdots, T-l \tag{7-3}$$

$$q_{r,t}\left(d_{t-1}, K_{e,t-1}, K_{r,t-1}\right) = b_{0,t} + \sum_{i-1}^{t-1} b_{i,t}^{d} d_i + \sum_{i-1}^{t-1} b_{i,t}^{e} K_{ei} + \sum_{i-1}^{t-1} b_{i,t}^{r} K_{ri}$$

$$t=1, \cdots, T-L \tag{7-4}$$

并且它们遵循产能限制：

$$q_{e,t}\left(d_{t-1}, K_{e,t-1}, K_{r,t-1}\right) \leqslant K_{e,t} \quad t = 1, \cdots, T-l \tag{7-5}$$

$$q_{r,t}(d_{t-1}, K_{e,t-1}, K_{r,t-1}) \leqslant K_{r,t} \quad t = 1, \cdots, T-L \tag{7-6}$$

约束式（7-5）和式（7-6）要求两个不等式对所有可能的不确定性实现都成立。

为了提高性能，我们根据该问题的特点和分离技术提出了新的有序 LDR。与仅包括经典 LDR 中揭示的不确定性不同，我们在时间周期 t 的新排序 LDR 还依赖于时间周期 t 的不确定产能。具体而言，

$$q_{e,t} = q_t^{e,base} + q_t^{e,add} \quad t = 1, \cdots, T-l$$

$$q_{r,t} = q_t^{r,base} + q_t^{r,add} \quad t = 1, \cdots, T-L$$

其中，$q_t^{e,base}$ 和 $q_t^{r,base}$ 具有与式（7-3）和式（7-4）相同的结构。$q_t^{e,add} = \sum_{j=1}^{n_{e,t}} a_{t,t}^{e,j} K_{e,t}^{j}$ 和 $q_t^{r,add} = \sum_{j=1}^{n_{r,t}} a_{t,t}^{r,j} K_{r,t}^{j}$，其中，$K_{e,t}^{j}$ 为 $K_{e,t}$ 的分离不确定性，满足 $K_{e,t} = \underline{K}_{e,t} + \sum_{j=1}^{n_{e,t}} K_{e,t}^{j}$，其中 $\underline{K}_{e,t}$ 为 $K_{e,t}$ 的支持空间的下界。$q_t^{r,add}$ 的组成部分以类似的方式定义。产能约束可以通过要 $q_t^{e,base} \leqslant \underline{K}_{e,t}$，$q_t^{r,base} \leqslant \underline{K}_{r,t}$，$0 \leqslant a_{t,t}^{e} \leqslant 1$ 和 $0 \leqslant a_{t,t}^{r} \leqslant 1$ 来实现。

如果产能不确定性是离散的且可能值有限，$K_{e,t} \in \{p_{k,e,t}^{j} | j = 0, 1, \cdots, n_{e,t}, p_{K,e,t}^{0} = \underline{K}_{e,t}\}$，我们可以选择 $K_{e,t}^{j} \in \left\{0, p_{K,e,t}^{j} - p_{K,e,t}^{j-1}\right\}$，$j = 1, \cdots, n_{e,t}$（来自常规供应商的产能不确定性类似）。在周期 t 开始时，$q_t^{e,add}$ 和 $q_t^{r,add}$ 可以通过代入观察到的不确定性来实现

计算。$q_t^{e,\ add}$ 和 $q_t^{r,\ add}$ 可以分别通过代入 $p_{K,\ e,\ t}^{j}$, $-p_{K,\ e,\ t}^{j-1}$, $j=1, \cdots, n_{e,\ t}$ 和 $p_{K,\ r,\ t}^{j}$, $-p_{K,\ r,\ t}^{j-1}$, $j=1, \cdots, n_{r,\ t}$ 来计算。

由于观察到订购数量可能与过去需求不成比例，这里使用分离技术。相反，最优订购数量对观察到的不确定性实现可能是非线性的。为了对这种非线性关系进行建模，我们可以为每个观察到的不确定性的不同部分分配不同的系数。这种技术称为分离。d_i 被 $\left[p_0^i, p_1^i, p_2^i, \cdots, p_{n_i-1}^i, p_{n_i}^i\right]$ 分离成 $\{d_j^i, j=1, \cdots, n_i\}$，其中 $p_0^i = \underline{d}_i$, $p_{ni}^i = \overline{d}_i$，并且 $d_j^i \in [p_{j-1}^i, p_j^i)$, $i=1, \cdots, n_i$，具体而言：

$$d_j^i(d_i) = \begin{cases} 0, \ if d_i \leqslant p_{j-1}^i, \ j=1, \cdots, n_i \\ p^i - p_{j-1}^i, \ if d_i \geqslant p_j^i, \ j=1, \cdots, n_i \\ d_i - p_{j-1}^i, \ otherwise, \ j=1, \cdots, n_i \end{cases}$$

很容易可以得出：$d_i = \sum_{j=1}^{n_i} d_j + p_0^i$。

同样，供应能力的不确定性也可以用类似的方法分离。因此，决策变量被限制为分离不确定性的线性函数和原始不确定性的分段线性函数，这比原始不确定性的线性函数更普遍。此外，这种分离可以用于供应能力不确定的建模。假设 K_{et} 被分离成 K_j^{et}, $j=0, 1, \cdots, n_{e,\ t}$，则可将这些分离的不确定性加入式（7-3）的自变量中，对产能约束进行积分，

$$q_{e,\ t} = q_t^{e,\ base} + \sum_{j=1}^{n^{et}} \overline{a}_{j,\ t}^{e} K_j^{et}$$

$$q_t^{e,\ base} \leqslant \underline{K}_{e,\ t}$$

并且，常规的顺序 $q_{r,\ t}$ 也可以写成类似的形式。

因此，在使用LDR将决策变量限制为不确定性的线性函数或分段线性函数后，不再需要像式（7-1）那样使用贝尔曼方程来帮助我们求解问题，而是可以直接求解如下问题：

$$\min_{q_e, q_r} E[\sum_{t=1}^{T}\alpha^{t-1}(c_{e,t}q_{e,t}\wedge K_{e,t} + c_{r,t}q_{r,t}\wedge K_{r,t} + a^{l_r}E[h_t^+(s_{l_e,t} + q_{e,t}\wedge K_{e,t} - d_{l_e,t})^+ + h_t^-(s_{l_e,t} + q_{e,t}\wedge K_{e,t} - d_{l_e,t})^-]$$

$$\text{S.t.} s_{i,t+1} = s_{i+1,t} + q_{e,t}\wedge K_{e,t} - d_t \quad i = l_e, \cdots, l_r - 2, t = 1, \cdots, T$$

$$s_{l_r-1,t+1} = s_{l_r-1,t} + q_{r,t}\wedge K_{r,t} + q_{e,t}\wedge K_{e,t} - d_t \quad t = 1, \cdots, T$$

$$q_{e,t} \geqslant 0, t = 1, \cdots, T - l$$

$$q_{e,t} = 0, t = T - l + 1, \cdots, T \tag{7-7}$$

$$q_{r,t} \geqslant 0, t = 1, \cdots, T - L$$

$$q_{r,t} = 0, t = T - L + 1, \cdots, T$$

其中，$z = [s_{l_e,1}, s_{l_e+1,1}, \cdots, s_{l_r-1,1}]$为输入参数。式（7-7）可表示为二阶锥（SOCP）问题，其标准形式为：

$$\min_X c^T \boldsymbol{X}$$

$$\text{S.t.} c_I^T \boldsymbol{X} + d_i \geqslant \left|\left| A_i \boldsymbol{X} + b_i \right|\right|_2 \quad i = 1, \cdots, m \tag{7-8}$$

$$F\boldsymbol{X} = g$$

其中，问题参数为$f \in \mathbb{R}^n$，$A_i \in \mathbb{R}^{n_i \times n}$，$b_i \in \mathbb{R}^{n_i}$，$c_i \in \mathbb{R}^{n_i}$，$d_i \in \mathbb{R}$，$F \in \mathbb{R}^{p\times n}$和$g \in \mathbb{R}^p$。这里$x \in \mathbb{R}^n$是优化变量，它由LDR中不确定性的系数组成。$\boldsymbol{Z}$在$b_i$，$d_i$或$g$中以$\sum_{j=1}^{n_i} z_{(j)}$+常数的形式进入式（7-8）。定义$C(\boldsymbol{Z})$为给定参数$\boldsymbol{Z}$的式（7-8）的可行集，且$C(\boldsymbol{X}, \boldsymbol{Z}) := \{(\boldsymbol{X}, \boldsymbol{Z}) | \boldsymbol{X} \in C(\boldsymbol{Z}), \boldsymbol{X} \in \mathbb{R}^n\}$。$C(\boldsymbol{Z})$是二阶锥与凸超平面的交点。由于$\boldsymbol{Z}$在$C(\boldsymbol{X}, \boldsymbol{Z})$中的现有形式，我们可以将式（7-8）中的不等式约束重写为$\tilde{c}_i^T[\boldsymbol{X}; \boldsymbol{Z}] + \tilde{d}_i \geqslant ||\tilde{A}_i[\boldsymbol{X}; \boldsymbol{Z}] + \tilde{b}_i||_2$，它是$[\boldsymbol{X}; \boldsymbol{Z}]$的二阶锥。这里$[\boldsymbol{X}; \boldsymbol{Z}]$是通过连接两个列向量$\boldsymbol{X}$和$\boldsymbol{Z}$一个列向量。

如上所示，$C(\boldsymbol{X}, \boldsymbol{Z})$和$C(\boldsymbol{Z})$都是凸的，根据Simchi-Levi等（2005），式（7-8）的最优值作为$\boldsymbol{Z}$的函数$V(\boldsymbol{Z})$也是一个凸函数。

在把求解的策略空间限制为不确定性的分段线性函数后，新优化问题的决策变量成为LDR的系数。See和Sim（2010）中的技术可用于将潜在问题转化为二阶锥问题，该问题可通过CPLEX和MOSEK等商用求解器进行求解。

7.2.2 基于线性决策规则的近似动态规划

对于一般的双源采购问题，由于存在着“维数灾难”，因此通过递归来求解式（7-1）是不可行的，计算负担主要来自贝尔曼方程右侧的值函数$v_{t+1}(z_{t+1})$。为了更高效地计算这一项，引入了近似动态规划（ADP）算法，通过$\hat{v}_{t+1}(z_{t+1}(z_t, y_{t,} u_{t,}, K_{r,t}, K_{e,t}, d_t))$来近似$v_{t+1}(z)$。ADP是一个非常广泛的研究话题，感兴趣的读者可以参考Powell（2007）来获得方法上更全面的讨论。

在介绍基于LDR的近似动态规划（ADP-LDR）之前，我们要强调用LDR进行建模的一个重要特性。在用LDR重新建模后，值函数$v_t(z_t)$在上一小节已经被证明是状态变量z_t的一个凸函数。利用这个特性，我们可以证明在每个实时周期t中，决策问题可以被看作一个确定性的一阶凸优化问题。

与现有的ADP方法类似，设计ADP-LDR算法需要完成两个主要任务：

（1） 对于每一个(z_t, u_t, y_t)，通过$\hat{v}_{t+1}$近似$v_{t+1}(z_{t+1}(z_t, y_t, u_{t,}, K_{r,t}, K_{e,t}, K_{t,}, d_t))$。为此，我们可以通过用LDR对问题进行重新建模来得到v_{t+1}。

（2）解近似的贝尔曼方程。

对于任务（1），我们扩展了现有的LDR方法，证明了未来值函数$\hat{v}_{t+1}$的LDR重构在z_{t+1}上是凸的。在这里，我们主要遇到了两个困难：一是状态转移方程关于决策变量$y_{t,}\ u_t$呈现截断线性（非线性），这使得很难直接认定$\hat{v}_{t+1}$在$y_{t,}\ u_t$上也是凸的；另一个困难是随机产能的存在使得来自两种供应商的订购成本及缺货成本在$y_{t,}\ u_t$上也不是凸的。但是，Chen等（2018）提出了一种非常强大的转换技术来解决类似的问题，他们定义了一些新的决策变量来替代原来的变量，然后将原始的非凸问题转化为凸问题。因此，在当前实时周期t中，对于每种实现的不确定性来说，近似值函数（未来值函数$\hat{v}_{t+1}$的LDR重构加上当前周期的费用函数）是关于决策变量y_t, u_t的确定性一阶凸优化问题。虽然不太可能得到近似值函数的显式最优解，但凸性的特性使得搜索过程非常高效。我们将基于LDR的近似动态规划（ADP-LDR）的整个算法（如算法1所示）：

算法1　基于LDR的近似动态规划

初始化系统

for $t = 1, \cdots, T$ **do**

　求解未来的值函数在每个周期内所面临的LDR

end for

for $t = 1, \cdots, T$ **do**

　if $t = 1$ **then**

　　$z \leftarrow$ 初始状态设置产生的状态变量（这里我们假设初始状态为0）

　　else $z \leftarrow$ 从周期$t-1$产生的状态变量

　　end if

　　procedure ADP-LDR SEARCHING

　　　$\left(l_e, l_r, c_e, c_r, h^+, h^-, \alpha\right)$搜索空间$[z_k, \bar{q}_t^r] \times [-\bar{q}_t^e, 0]$

　　$y_t^*(z) \leftarrow z_k$

　　$\xi_t^*(z) \leftarrow -\bar{q}_t^e$

　　计算下一个周期z'的状态变量

　　$v_{t+1}(z') \rightarrow$从周期$t+1$开始的未来值的LDR近似的最优值

　　$v_t(z) \leftarrow g_t(z, y_t^*(z), \xi_t^*(z)) + v_{t+1}(z')$

　　$g^r \leftarrow g_t(z, y_t^*(z) + \delta, \xi_t^*(z))$　　▷δ是搜索步骤

　　$g^e \leftarrow g_t(z, y_t^*(z), \xi_t^*(z) + \delta)$

while $g^r < v_t(z) OR g^e < v_t(z)$ **do**
if $g^r < g^e$ **then** ▷判断合适的方向
$v_t(z) \leftarrow g^r$
$y_t^*(z) \leftarrow y_t^*(z) + \delta$
else
$v_t(z) \leftarrow g^e$
$\xi_t^*(z) \leftarrow \xi_t^*(z) + \delta$
end if
if $y_t^*(z) + \delta \leqslant \overline{q}_t^r$ **then** ▷更新 g^r
$g^r \leftarrow g_t(z,\ y_t^*(z) + \delta,\ \xi_t^*(z))$
end if
if $\xi_t^*(z) + \delta \leqslant 0$ **then** ▷更新 g^e
$g^e \leftarrow g_t(z,\ y_t^*(z),\ \xi_t^*(z) + \delta)$
end if
end while
return z 处的最优订购数量
end procedure
从上述过程中实现最优排序决策。在实现需求和供给能力的不确定性后，通过状态转移方程移动到下一时期。
end for

7.3　数值实验

在本节中，我们将通过数值实验来评估纯LDR算法和新提出的

ADP-LDR算法在双源采购问题中的性能。首先，我们通过将纯LDR算法与在双源采购问题中使用逆向归纳方法得到的最优基准解进行比较，来测试其性能。我们发现纯LDR在不同的双源采购问题案例中表现出色。此外，通过这些数值实验，我们证明了新提出的ADP-LDR甚至可以改善纯LDR的性能，而只需牺牲少量计算时间。为了使结果更加稳健可靠，我们将整个数值实验分为三类：小规模、中等规模和大规模。此外，为了使数值结果更加清晰，我们将分别在三个类别中呈现数值结果。针对紧急供应能力不确定性、常规供应能力不确定性、紧急订单提前期时间、常规订单提前时间、需求模式和规划时域长度这几个不同方面，我们设计了广泛的数值实验来测试纯LDR和ADP-LDR的性能。

•K_e，K_r两者或其中之一存在供应能力不确定性

•ℓ

•$L=\ell+k$

•不同分布的均匀需求和不同的变异系数

•c_e呈平稳、增加或减少的趋势，且均高于c_r

•规划时间范围T

在每个类别中，我们固定参数$\{c_e, c_r, h^+, h^-\}=\{200, 100, 20, 495\}$，$\ell=1$，2，3和$L=\ell+k$（其中$k=1$，2，3，4）。计算环境由英特尔酷睿i7-3770处理器、16GB内存、Windows 7 Professional 64位操作系统、MATLAB R2011b和由Goh和Sim（2011）开发的ROME（Robust Optimization Made Easy）组成。

7.3.1 纯LDR在“小”规模双源采购问题中的性能

我们定义了$\ell=1$，2，3和$L=\ell+k$（其中$k=1$，2，3，4）。显然，双源采购问题的规模取决于紧急供应能力不确定性、常规供应能力不

确定性、需求模式和规划时域长度。在本部分中，我们选择规划时域为 $10+l$，以便进行10个紧急订单。我们令 K_e，K_r 分别为3或者均匀分布{1，3}（至少有一个供给能力是不确定的，因此有3种情况），定义需求 d 为6或者均匀分布{0，3，6}或者均匀分布{0，1，...，6}。因此我们总共考虑了 $3\times3\times4\times3\times3=324$ 种情况。对于每种情况，至少计算一种基准策略和纯LDR策略。对于来自同一种情况的策略，我们使用相同的100个样本路径的不确定性集合来实施。分别用 ρ^* 和 ρ^{LDR} 来表示利用最优策略和纯LDR策略所计算得到的每个周期的平均成本。这里的双源采购问题规模相对较小，我们能够使用递归方法作为基准策略来求解随机动态规划式（7-1）的最小成本 ρ^*。

无论选择使用递归方法来计算 ρ^*，还是使用纯 LDR 方法来计算 ρ^{LDR}，都需要两个步骤。第一步是根据产能或需求不确定性信息计算“策略表”，然后根据第一步得到的“策略表”，使用蒙特卡罗模拟方法在每个周期做出相应决策。为了进行比较，我们生成并使用相同的100条蒙特卡罗模拟样本路径来获得 ρ^* 和 ρ^{LDR}。

我们考虑了一系列全面的情景，涵盖了规划时间范围内不同模式的均匀需求（例如，不同的均值和变异系数）、紧急和常规供应能力不确定性的不同组合，以及紧急和常规供应提前期的不同组合。此外，为了确保结果的稳健性，我们还测试了稳定、递减和递增3种不同的紧急订单成本模式。正如我们之前提到的，这部分数值研究共有324个实验案例。表7-1展示了当紧急订货成本 c_e 为稳定时和均匀需求为{0，1，…，6}时的不同参数组合。表7-2报告了所有324个实验案例的最优性差距 $\dfrac{\rho^{LDR}-\rho^*}{\rho^*}$ 的统计数据。

从表7-1可以看出，当 ℓ 或 k 增加时，最优性差距变得更小。随着 k 的增加，LDR 在计算负担方面的优势也变得显著。当 $k=4$ 时，LDR

表 7-1 离散均匀需求 {0，1，…，6} 和稳定 c_e 条件下的最优策略LDR策略的比较

ℓ	k	K_e和K_r在 {1，3} 均匀分布				K_e=3，K_r在 {1，3} 均匀分布				K_r=3，K_e在 {1，3} 均匀分布			
		ρ^*	T^*	$\frac{\rho^{LDR}-\rho^*}{\rho^*}$	$\frac{\rho^{LDR}-\rho^*}{\rho^*}$	ρ^*	T^*	$\frac{\rho^{LDR}-\rho^*}{\rho^*}$	$\frac{\rho^{LDR}-\rho^*}{\rho^*}$	ρ^*	T^*	$\frac{\rho^{LDR}-\rho^*}{\rho^*}$	$\frac{\rho^{LDR}-\rho^*}{\rho^*}$
1	1	1 934.97	1.40	4.12%	187.58%	1 451.41	0.62	4.27%	196.50%	1496.88	0.72	4.16	180.48%
	2	2 438.19	8.04	3.55%	31.91%	1 811.86	3.41	3.92%	37.09%	2153.89	4.21	1.68	35.30%
	3	2 898.03	62.34	0.89%	4.24%	2 210.18	24.3	2.24%	4.33%	2822.61	31.49	0.48	4.81%
	4	3 094.01	517.79	0.26%	0.45%	2 479.2	200.99	0.04%	0.54%	3190.81	329.25	0.11	0.45%
2	1	2 975.13	1.69	4.39%	150.62%	2 378.34	0.78	4.18%	157.04%	2506.29	0.84	1.71	158.24%
	2	3 542.56	10.08	1.78%	23.40%	2 922.81	4.20	2.76%	27.87%	3323.53	5.11	0.71	28.23%
	3	3 908.92	80.57	0.88%	3.08%	3 369.38	32.09	0.34%	3.69%	3934.62	40.86	0.23	3.71%
	4	3 970.90	851.99	0.84%	0.27%	3 583.92	337.64	0.28%	0.32%	4068.9	438.95	0.56	0.36%
3	1	4 105.23	1.70	2.23%	172.40%	3 550.02	0.76	2.73%	164.49%	3691.12	0.86	1.33	156.03%
	2	4 589.99	10.08	0.21%	37.02%	4 123.47	4.23	0.89%	28.05%	4488.28	5.22	0.06	26.72%
	3	4 901.53	115.42	0.72%	2.16%	4 592.06	47.79	0.25%	2.48%	4998.86	57.38	0.46	2.84%
	4	4 543.35	910.19	0.56%	0.27%	4 422.79	361.78	0.24%	0.35%	4641.35	476.09	0.33	0.35%

的计算时间仅占 SDP 所需时间的不到 1%。LDR 的性能非常一致，并且相对于 SDP，其可扩展性要好得多。随着交货时间的延长，使用 LDR 近似方法所导致的最优性损失变得不明显，与此同时，与 SDP 的计算时间相比，LDR 的计算时间可以忽略不计。从表 7-2 可以看出，在这个小规模的数值研究中，LDR 的表现非常出色。在所有测试的 324 个案例中，成本增幅的 90% 分位数为 3.33%，平均值为 1.04%。

表 7-2　**纯 LDR 相对于最优成本的最优性差距**（$\frac{\rho^{LDR}-\rho^*}{\rho^*}$）

平均数	标准差	最小值	中位数	90% 百分位数	最大值
1.04%	1.61%	0	0.12%	3.33%	7.15%

7.3.2　ADP-LDR：LDR 在小规模问题的进一步改进

在 7.2.1 节中，我们已经提到线性决策规则（LDR）是避免“维数灾难”解决随机动态规划的有效方法，在上述数值研究中，我们也展示了纯 LDR 的良好表现。这里，我们将测试新提出的 ADP-LDR 算法的性能，并证明 ADP-LDR 可以提高 LDR 算法的原始性能。

用 ρ_{LDR}^{ADP} 表示 ADP-LDR 评估的每期成本。我们通过成本来比较 LDR 和 ADP-LDR 的性能。ADP-LDR 方法的本质是使用 LDR 来近似计算成本函数，并在每个周期搜索最优解。使用 LDR 近似计算成本函数很快，在获得成本函数后，搜索过程也非常快速。因此，与 LDR 的计算时间相比，ADP-LDR 的计算时间基本上随着规划时间范围的增加呈线性增长，也可以忽略不计。表 7-3 展示了在紧急成本 c_e 稳定且均匀需求为{0，1，…，6}时，LDR 和 ADP-LDR 在不同参数组合下的性能。

我们在表 7-4 中总结了 324 个实验案例的最优性差距 $\frac{\rho_{LDR}^{ADP}-\rho^*}{\rho^*}$ 的统计信息：

从表 7-3 和表 7-4 可以看出，我们新提出的 ADP-LDR 可以进一

表 7-3　离散均匀需求 {0，1，…，6} 和稳定 c_e 条件下的最优策略LDR策略的比较

ℓ	k	K_e和K_r在{1，3}均匀分布					K_e=3，K_r在{1，3}均匀分布					K_r=3，K_e在{1，3}均匀分布				
		ρ^*	ρ^{LDR}	ρ^{ADP}_{LDR}	$\frac{\rho^{LDR}-\rho^*}{\rho^*}$	$\frac{\rho^{ADP}_{LDR}-\rho^*}{\rho^*}$	ρ^*	ρ^{LDR}	ρ^{ADP}_{LDR}	$\frac{\rho^{LDR}-\rho^*}{\rho^*}$	$\frac{\rho^{ADP}_{LDR}-\rho^*}{\rho^*}$	ρ^*	ρ^{LDR}	ρ^{ADP}_{LDR}	$\frac{\rho^{LDR}-\rho^*}{\rho^*}$	$\frac{\rho^{ADP}_{LDR}-\rho^*}{\rho^*}$
1	1	1 934.97	2 072.83	1 939.35	7.12%	0.23%	1 451.41	1 527.88	1 465.65	5.27%	0.98%	1 496.88	1 559.09	1 528.23	4.16%	2.09%
	2	2 438.19	2 549.06	2 440.02	4.55%	0.07%	1 811.86	1 882.86	1 819.71	3.92%	0.43%	2 153.89	2 190.13	2 168.23	1.68%	0.67%
	3	2 898.03	2 923.91	2 898.36	0.89%	0.01%	2 210.18	2 259.79	2 218.01	2.24%	0.35%	2 822.61	2 836.07	2 825.94	0.48%	0.12%
	4	3 094.01	3 086.03	3 093.61	0.26%	-0.01%	2 479.2	2 478.2	2 477	1.04%	0.09%	3 190.81	3 194.43	3 188.41	0.11%	0.08%
2	1	2 975.13	3 105.77	2 983.43	4.39%	0.28%	2 378.34	2 477.73	2 416.09	4.18%	1.59%	2 506.29	2 549.13	2 547.83	1.71%	1.66%
	2	3 542.56	3 605.62	3 546.62	1.78%	0.11%	2 922.81	3 003.61	2 940.04	2.76%	0.59%	3 323.53	3 347.02	3 338.16	0.71%	0.44%
	3	3 908.92	3 901.89	3 909.92	0.18%	0.03%	3 369.38	3 380.73	3 374.38	0.34%	0.15%	3 934.62	3 925.76	3 937.45	0.23%	0.07%
	4	3 970.90	3 937.71	3 970.9	0.84%	0	3 583.92	3 573.92	3 584.32	0.28%	0.01%	4 068.9	4 046.11	4 068.9	0.56%	0
3	1	4 105.23	4 196.9	4 111.23	2.24%	0.15%	3 550.02	3 647.08	3 286.9	2.73%	1.04%	3 691.12	3 740.33	3 721.23	1.33%	0.82%
	2	4 589.99	4 599.48	4 591.13	0.21%	0.02%	4 123.47	416.25	4 136.33	0.89%	0.38%	4 488.28	4 490.89	4 496.85	0.06%	0.49%
	3	4 901.53	4 866.43	4 901.53	0.72%	0	4 592.06	4 580.39	4 592.39	0.25%	0	4 998.86	4 975.77	4 998.86	0.46%	0
	4	4 543.35	4 517.84	4 543.35	0.56%	0	4 422.79	4 412.39	4 422.79	0.24%	0	4 641.35	4 646.24	4 641.35	0.33%	0

步提高性能，最优性差距的90%百分位数为1.04%，平均数为0.35%。

表7-4　ADP-LDR相对于最优成本的最优性差距（$\frac{\rho_{LDR}^{ADP}-\rho^*}{\rho^*}$）

平均数	标准差	最小值	中位数	90%百分位数	最大值
0.35%	0.64%	0	0.1%	1.04%	3.86%

7.3.3　纯LDR和ADP-LDR在中等规模双源采购问题中的性能

在上一节中，我们已经证明了纯LDR算法在解决“小”规模双源采购问题时是有效的，并且我们提出的新ADP-LDR算法可以进一步提高初始性能。现在我们设计了更多不同的中等规模的问题来测试这两种算法的性能。相对于小规模的问题，这里我们扩大了产能的大小、需求的大小和规划范围。特别地，我们设计了两种不同类型的数值实验。在第一类中，我们令K_e，K_r分别为6或者均匀分布{4，8}（至少有一个供给能力是不确定的，因此有3种情况），定义需求d服从均匀分布{0，8}或均匀分布{0，4，8}或均匀分布{0，1，…，8}。在第二类中，我们扩展需求以测试相对较大的需求对算法性能的影响，与第一类相同，我们只是改变需求d以服从均匀分布{0，8，16}或均匀分布{0，4，8，12，16}或均匀分布{0，2，4，…，16}。每类有$3\times3\times4\times3\times3=324$个数值实验，这也意味着我们总共有648个数值案例在中等规模的双源采购问题之中。

在上一节中我们已经看到，当双源采购问题更复杂时，LDR的计算时间与SDP的计算时间相比可以忽略不计。同时，我们也知道ADP-LDR的计算时间与纯LDR的计算时间是同一量级的。很明显，这两种算法都比传统随机动态问题中使用的递归方法有更多的优势。因此，为了方便起见，我们忽略了计算时间的差异，只是将ρ^*，ρ^{LDR}，ρ_{LDR}^{ADP}，$\frac{\rho^{LDR}-\rho^*}{\rho^*}$，$\frac{\rho_{LDR}^{ADP}-\rho^*}{\rho^*}$列出在一个表中。由于空间的限制，我们在表7-5中给出了当紧急订货成本c_e稳定且均匀需求在{0，1，…，8}的情况。

表 7-5　离散均匀需求 {0，1，…，8} 和稳定 c_e 条件下最优策略与 LDR 策略和 ADP-LDR 策略的比较

		K_e和K_r在{4，8}均匀分布					K_e=6，K_r在{4，8}均匀分布					K_r=6，K_e在{4，8}均匀分布				
ℓ	k	ρ^*	ρ^{LDR}	ρ_{LDR}^{ADP}	$\frac{\rho^{LDR}-\rho^*}{\rho^*}$	$\frac{\rho_{LDR}^{ADP}-\rho^*}{\rho^*}$	ρ^*	ρ^{LDR}	ρ_{LDR}^{ADP}	$\frac{\rho^{LDR}-\rho^*}{\rho^*}$	$\frac{\rho_{LDR}^{ADP}-\rho^*}{\rho^*}$	ρ^*	ρ^{LDR}	ρ_{LDR}^{ADP}	$\frac{\rho^{LDR}-\rho^*}{\rho^*}$	$\frac{\rho_{LDR}^{ADP}-\rho^*}{\rho^*}$
1	1	1 266.30	1 424.78	1 277.15	12.52%	0.86%	1 241.06	1 425.99	1 260.13	14.90%	1.54%	1 262.86	1 428.95	1 283.42	13.15%	1.63%
	2	1 521.27	1 670.94	1 522.81	9.84%	0.10%	1 493.80	1 643.77	1 812.09	10.04%	1.22%	1 827.69	1 655.97	1 558.34	8.40%	2.01%
	3	1 792.22	1 959.38	1 833.23	9.33%	0.29%	1 747.64	1 872.16	1 787.11	7.12%	2.26%	1 796.46	1 937.46	1 835.54	7.85%	2.18%
	4	2 094.71	2 257.62	2 130.58	7.78%	1.71%	2 018.19	2 168.92	2 043.89	7.47%	1.27%	2 091.96	2 251.50	2 121.87	7.63%	1.43%
2	1	2 032.42	2 149.20	2 078.80	5.75%	2.28%	1 996.11	2 148.67	2 051.35	7.63%	2.75%	2 025.47	2 119.85	2 090.36	4.66%	2.30%
	2	2 503.34	2 597.27	2 545.80	3.75%	1.58%	2 456.16	2 587.08	2 500.66	5.33%	1.81%	2 497.79	2 599.78	2 536.99	4.08%	1.57%
	3	2 988.98	3 108.32	3 057.81	3.99%	2.30%	2 933.92	3 111.05	2 976.18	6.04%	1.44%	2 994.93	3 107.16	3 057.40	3.75%	2.09%
	4	3 569.00	3 655.36	3 654.06	42.42%	2.38%	3 481.06	3 628.38	3 501.96	4.23%	0.60%	3 564.65	3 645.60	3 629.71	2.27%	1.83%
3	1	3 168.46	3 316.49	3 292.22	4.67%	3.91%	3 119.86	3 304.18	3 251.18	5.91%	4.21%	3 165.43	3 315.29	3 300.31	4.73%	4.27%
	2	3 978.20	4 085.84	4 046.42	2.71%	1.71%	3 901.11	4 077.34	4 046.90	4.51%	3.73%	3 964.54	4 109.30	4 060.55	3.65%	2.42%
	3	4 828.00	4 969.31	4 854.79	2.93%	0.55%	4 745.44	4 896.06	4 878.49	3.17%	2.80%	4 823.41	4 969.83	4 847.14	3.04%	0.48%
	4	5 618.74	5 553.29	5 686.80	2.16%	1.21%	5 526.56	5 602.59	5 558.84	1.38%	0.58%	5 624.74	5 518.57	5 684.80	1.89%	1.07%

我们还在表7-6中总结了两种算法在648个中等规模实验案例中的最优性差距$\frac{\rho^{LDR}-\rho^*}{\rho^*}$和$\frac{\rho_{LDR}^{ADP}-\rho^*}{\rho^*}$的统计。从表7-5和表7-6可以看出，纯LDR方法还可以，但不是很好，其最优性差距的90%百分位数为11.14%，平均值为6.02%。但对于中等规模的双源采购问题，我们提出的新ADP-LDR方法相对于纯LDR方法仍然有效，并且显著提高了性能，ADP-LDR方法最优性差距的90%百分位数为5.80%，平均数为3.29%。

表7-6　**纯LDR和ADP-LDR相对于最优成本的最优性差距**

最优性差距	平均数	标准差	最小值	中位数	90%百分位数	最大值
$\frac{\rho^{LDR}-\rho^*}{\rho^*}$	6.02%	3.59%	0	5.67%	11.14%	16.27%
$\frac{\rho_{LDR}^{ADP}-\rho^*}{\rho^*}$	3.29%	2.25%	0	3.17%	5.80%	10.87%

7.3.4　纯LDR和ADP-LDR在大规模双源采购问题中的性能

在本节中，我们将重点讨论与前一节相比规模更大的双源采购问题。在中等规模双源采购问题的第一类数值实验的基础上，我们扩展了产能规模和需求规模。特别地，我们令需求d服从均匀分布{0，8，16}或均匀分布{0，4，8，12，16}或均匀分布{0，2，4，…，16}，我们也将供应能力K_e，K_r的大小扩展到9或者均匀分布{6，12}。很明显，在面对大规模的问题时，计算随机动态规划以获得最优基准成本需要花费很长的时间。更糟糕的是，当交货期差异k较大时，时间也会变长。所以在这个规模较大双源采购问题中，我们测试$k=1，2，3$的情况来比较这两种算法的性能，这里共有3 × 243个数值情况。

我们在表7-7中给出了紧急订货成本c_e不断降低，且需求为均匀分布{0，2，4，…，16}时的结果。

表 7-7　离散均匀需求 {0，2，4，…，16} 和稳定 c_e 条件下最优策略与 LDR 策略、ADP-LDR 策略的比较

		K_e 和 K_r 在 {6，12} 均匀分布					K_e=9，K_r 在 {6，12} 均匀分布					K_r=9，K_e 在 {6，12} 均匀分布				
ℓ	k	ρ^*	ρ^{LDR}	ρ_{LDR}^{ADP}	$\frac{\rho^{LDR}-\rho^*}{\rho^*}$	$\frac{\rho_{LDR}^{ADP}-\rho^*}{\rho^*}$	ρ^*	ρ^{LDR}	ρ_{LDR}^{ADP}	$\frac{\rho^{LDR}-\rho^*}{\rho^*}$	$\frac{\rho_{LDR}^{ADP}-\rho^*}{\rho^*}$	ρ^*	ρ^{LDR}	ρ_{LDR}^{ADP}	$\frac{\rho^{LDR}-\rho^*}{\rho^*}$	$\frac{\rho_{LDR}^{ADP}-\rho^*}{\rho^*}$
1	1	2 245.54	2 555.07	2 389.99	13.78%	5.43%	2 235.71	2 401.37	2 351.77	7.41%	4.19%	2 245.82	2 449.04	2 364.81	9.05%	5.30%
	2	2 739.15	3 105.34	2 817.26	13.37%	2.85%	2 737.30	2 892.92	2 752.41	5.69%	0.55%	2 758.22	3 021.90	2 756.00	10.89%	1.13%
	3	3 194.84	3 523.52	3 331.29	10.28%	4.27%	3 278.19	3 452.09	3 356.67	5.30%	2.39%	3 247.21	3 500.28	3 296.58	7.79%	1.52%
2	1	3 823.56	4 141.36	3 998.59	8.31%	4.58%	3 850.24	3 974.06	4 002.25	3.22%	2.95%	3 854.04	4 018.98	4 014.91	4.28%	4.17%
	2	4 830.39	5 205.19	4 957.62	7.76%	3.01%	4 860.77	4 997.92	4 955.60	2.82%	1.95%	4 869.00	5 118.72	4 878.88	5.13%	0.22%
	3	5 891.06	6 174.14	6 085.37	4.81%	3.30%	5 961.26	6 066.77	6 096.60	1.76%	1.27%	5 965.01	6 119.32	6 042.75	2.59%	1.30%
3	1	6 411.89	6 681.54	6 639.10	4.21%	3.54%	6 448.97	6 521.61	6 629.58	3.13%	2.80%	6 528.52	6 604.84	6 715.44	3.17%	2.86%
	2	8 144.01	8 369.80	8 296.15	2.77%	1.87%	8 210.64	8 244.34	8 357.17	2.41%	1.78%	8 269.03	8 328.84	8 255.80	0.72%	0.16%
	3	9 802.57	10 059.90	9 982.37	2.63%	1.83%	9 928.74	9 949.30	10 117.98	2.21%	1.91%	9 873.96	9 987.60	9 964.15	1.15%	0.91%

我们在表7-8中总结了243个大规模的实验案例的最优性差距$\frac{\rho^{LDR}-\rho^*}{\rho^*}$和$\frac{\rho_{LDR}^{ADP}-\rho^*}{\rho^*}$的统计信息。

表7-8　纯LDR和ADP-LDR相对于最优成本的最优性差距

最优性差距	平均数	标准差	最小值	中位数	90%百分位数	最大值
$\frac{\rho^{LDR}-\rho^*}{\rho^*}$	3.51%	3.79%	0	2.80%	8.06%	14.01%
$\frac{\rho_{LDR}^{ADP}-\rho^*}{\rho^*}$	2.18%	2.35%	0	1.90%	4.33%	7.42%

从表7-7和表7-8可以看出，纯LDR方法可以达到一个可接受的性能，但并不优秀，其最优性差距的90%百分位数为8.06%，平均数为3.51%。但对于大规模的双源采购问题，与纯LDR方法相比，新提出的ADP-LDR方法的最优性差距的90%百分位数为4.33%，平均数为2.18%，仍然有效且显著提高了性能。

7.4　本章小结

本章考虑了市场随机需求分布未知时企业所面临的任意供应提前期下的双源采购问题，我们提出了两种算法来进行求解。在第一种算法中，我们利用线性决策规则（linear decision rule，LDR）来重新表述双源采购问题并进行建模，能够将一般的双源采购问题转化为可处理的二阶锥规划（second order cone programming，SOCP）。在第二种启发式算法中，我们基于LDR开发了一种新的近似动态规划算法，并发现在每个时间周期内，近似的值函数对于决策变量是凸的，使求解过程更加高效。最后，通过一系列不同规模的数值实验展示了我们所设计算法的有效性。

第8章

近似动态规划在供应链金融背景下库存管理问题中的应用

8.1 问题描述

供应商利用贸易信用进行销售是一种普遍的做法，这种做法为全球近2/3的贸易提供了资金（Breza and Liberman，2017）。贸易信用允许下游买家在某些预先规定的信用条件下延迟支付商品和服务。这类贸易信用条款通常包括信用期限和信用额度（也称为信用额度）。在赊购时，买方不是立即付款，而是在其资产负债表上创建应付账款(accounts payable，AP)。该应付账款的支付周期等于信用周期。特别是考虑到信用成本相对较低，企业往往倾向于在使用自己的营运资金之前使用贸易信用（Giannetti et al.，2011）。一些零售商在付款前要求较长的信用期，但这增加了上游供应商的财务风险。为了减轻支付违约造成的潜在损失，供应商使用信用限额作为管理与贸易信用相关的风险的工具。客户赊购订单后，供应商的财务部门检查客户的信用，确认客户的可用信用是否足以支付采购成本。如果客户欠供应商的应付账款超过信用限额，供应商可以拒绝订单并拒绝交付，直到客户支付超出的金额。作为最常见的信用管理工具，85%以上的大公司使用信用限额，并分配给80%以上的客户（Scherr，1996）。

对于下游买家，信用额度在计算采购成本时增加了额外的复杂性，从而增加了对最优订购策略的需求。在存在信用限额的情况下，付款的时间取决于买方的补货决定。因此，当计算货币的时间价值时，边际购买成本不是恒定的。根据这一观察，最优的补充政策必须是将贸易信用的价值纳入传统业务权衡的政策。由于库存动态和现金流之间复杂的相互作用，这个问题在多周期的情况下变得尤其复杂。一方面，现金流入是由每个时期产生的销售收入带来的，而销售收入又取决于库存状态和需求水平。另一方面，现金流出可能由两种不同的情况触发：首先，由上一个期间下的订单生成的应付账款到期；其次，在当前期间下的订单价值加上现有的应付账款超过了信用额度，在这种情况下，即使债务尚未到期，也应立即支付超额部分。信用额度下现金流出的这一特征意味着采购成本不仅取决于订单数量，还取决于应付账款状态。

本章主要研究以下问题：最优库存决策如何依赖于应付账款的余额和期限结构？信贷限额对最优库存政策的影响是什么？尽管信贷期限和利率对经营决策的影响已经在运营管理文献中进行了研究（Chung and Liao，2009； Kouvelis and Zhao，2012），但很少有文献研究信贷限额对库存决策的影响。本章旨在通过建立一个多周期随机库存模型来填补这一空白，其中库存的补充是由有限的贸易信贷资助的。此外，需要将不同账期的应付账款合并到系统状态中。因此，我们的模型不同于经典的动态库存模型。此前，在没有供应链金融背景下的动态库存模型中，系统状态只能由库存水平来描述。

我们考虑一个多周期单产品库存系统。产品在第t时期的需求是一个非负随机变量d_t，$t = 1, 2, \cdots, T$不同时期的需求是独立的，该产品的单位采购成本为c。补货周期为L，即公司在下单后L个周期收到产品。系统的库存状态可以用一个L维向量$x = \left(x_0, x_1, \cdots, x_{L-1}\right)$来表示。其中，$x_i$是$i$周期后到达的库存数量；$x_0$为手头的库存量，即可满足需求的产品。产品可以从上游供应商处赊购，即企业可以在信用期限和信用额度内延迟支付订单。赊账期的期限为m，赊账额度的金额为K，这意味着采购成本产生的应收账款不需要立即支付，但前提是应付账款的总金额不超过K，应付账款的时间长度不超过m个周期。系统的应付账款状态可以用m维向量$s = \left(s_0, s_1, \cdots, s_{m-1}\right)$来表示，其中$s_i$是在$i$个时期后需要进行交付的应付账款，即在$m-i$个期间前生成的应付账款。设$\gamma \in (0,\ 1)$为折现因子。很明显，公司会在信用期和信用额度范围内尽可能延迟支付应付账款。当公司由于达到信用额度而必须支付应付账款时，现有的应付账款将按照年龄（age）递减的顺序支付。

t时期的订单数量为q_t，当需求实现时，企业将以现有库存最大限度地满足需求。未满足的需求被假定为积压或丢失。从一个期间结转到下一个期间的库存产生每单位h^+的持有成本，而未满足的需求产生每单位h^-的惩罚成本。定义函数$\mathrm{h}(\cdot)$为：

$$h(z) = h^+ max(z,\ 0) + h^- max(-z,\ 0)$$

那么，第t时期的库存过剩和库存不足（库存持有和短缺）成本为$\mathrm{h}(x_0 - d_t)$。

第t周期的事件顺序如下：

（1）在周期开始时，收到L周期前的订单。

（2）基于库存状态x和应付账款状态s，会下达一个为q_t的订单，并将在周期$t+L$开始时收到该订单。如果$L=0$，该订单将立即收到。与此同时，公司的资产负债表上产生了新的应付账款。

（3）随机需求d_t被观察到，并由库存来满足。

（4）未满足的需求要么积压，要么丢失。同时，将到期或超过信用额度K的应付账款支付给供应商。

图8-1展示了一个期间内应付账款的动态变化。每个应付账款项由一个方框表示，其中的数字表示应付账款剩余期间数。方框的高度描述了应付账款的金额。在周期开始时，公司拥有不同剩余期间数的应付账款，范围从0到$m-1$。订单下达后，公司的资产负债表上会生成一个剩余期间数为m的新应付账款。因此，应付账款的总金额可能超过信用额度。然后，公司必须支付已经到期的应付账款，或者超过

信用额度的应付账款。在期间结束时（下一个期间的开始时），每个应付账款的剩余期间数减1。

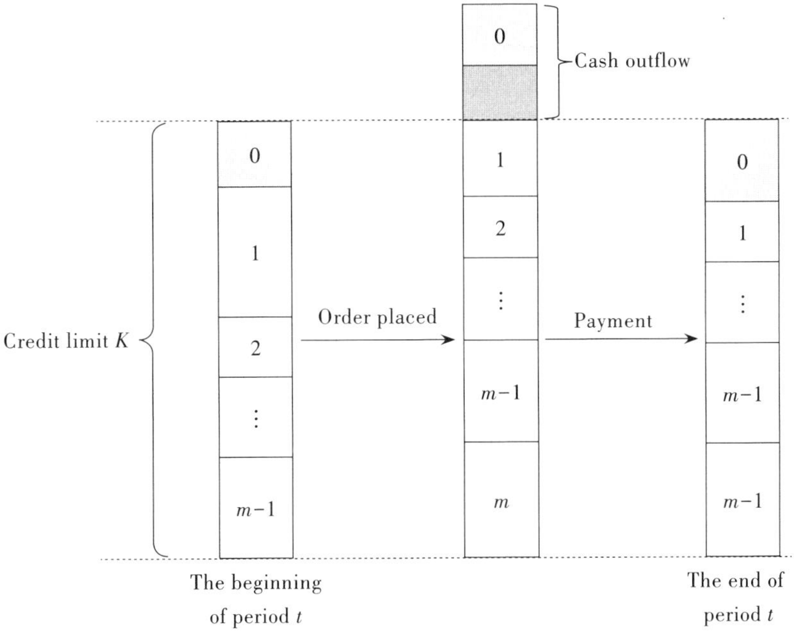

图8-1　第t周期的应付账款动态

为了便于分析，我们定义了一个新的 L 维向量 $u=(u_0, u_1, \cdots, u_{L-1})$ 来表示库存状态，定义了一个新的 m 维向量 $v=(v_0, v_1, \cdots, v_{m-1})$ 来表示应付账款状态。在这个新的向量 u 中，分量 $u_i=\sum_{j=i}^{L-1} x_j$ 表示计划在此后或之后的i期达到的库存总量。其中，u_0 是库存的总额（也称为库存位置），u_1 是在途库存的总额。同样，$v_i=\frac{1}{c}\sum_{j=i}^{m-1} s_j$ 是指期限不少于 i 期的ap的累计存货等额。据此，我们定义 $k=K/c$ 为存货等价物信用额度。最后，我们定义 $\xi_t=-q_t$，并将 ξ_t 作为决策变量。

在本章中，我们将分别研究需求积压（backlogging）和销售损失

(lost sales) 两种情况。对于每种情况，我们将把问题表述为一个随机动态规划模型。正如稍后将看到的，这两种情况在系统状态空间(库存和应付账款)上有一个主要区别。

8.2 需求积压情况

在本节中，我们将重点讨论需求积压情况。接下来，我们将问题进行建模，对状态空间进行降维，然后进行结构分析，最后讨论终端值函数的变化。

8.2.1 问题表述及模型构建

在t期下达的订单将在期间 $t+L$ 到达，因此只会在期间 $t+L$ 及其之后影响系统状态和成本。第 $t+L$ 期的库存过剩和库存不足成本仅取决于下订单后期间t的总库存水平，即手头库存加上在途库存。因此，最优订货数量仅取决于应付账款状态 v 和下订单前的总库存水平 u_0。为了简化符号，我们在积压情况中用 u 代替 u_0。下订单后的应付账款总额为 $c\left(v_0-\xi_t\right)$。在公司根据信用期限和信用额度的限制支付应付账款后，应付账款的总额为 $c\left[\left(v_1-\xi_t\right)\wedge k\right]$。设 $\left(u_+, v_+\right)$ 表示下一个期间开始时的库存和应付账款状态。系统状态的动态变化如下：

$$u_+=\mathrm{u}-\xi_t-d_t \tag{8-1}$$

$$\begin{aligned} v_+ &= \left(v_1-\xi_t,\ v_2-\xi_t,\ v_{m-1}-\xi_t,\ -\xi_t\right)\wedge ke \\ &= \left[\left(v_1,\ v_2,\ \cdots,\ v_{m-1},\ 0\right)-\xi_t e\right]\wedge ke \end{aligned} \tag{8-2}$$

定义 d_t^L 为 t 时期到 $t+L$ 时期的累积需求。对于给定的总库存水平 u 和订单数量 q_t，需求到达后 $t+L$ 时期的库存水平为 $u+q_t-d_t^L$。按照Scarf (1960) 对前置时间为正的积压模型提出的核算方案，将 $t+$

L期的库存过剩和库存不足成本分配到t期。因此，第t时期的库存过剩和库存不足成本为$\gamma^L h\left(u-\xi_t-d_t^L\right)$，其中$q_t$用$-\xi_t$代替。

令$\widehat{f}_t(u,\ v)$为下订单前第t周期开始时系统状态为$(u,\ v)$时的成本函数（也称为价值函数），在t时期，企业获得销售收入，支付应付账款的$c\left[\left(v_0-\xi_t\right)-\left(v_1-\xi_t\right)\wedge k\right]$，并产生库存过剩和库存不足的成本$\gamma^L h\left(u-\xi_t-d_t^L\right)$。由于未满足的需求是延期订购的，所以所有的需求最终都会得到满足。因此，销售收入总额与库存状态无关。因延迟收到销售收入而造成的损失，可以并入库存不足成本。动态规划的递归最优性方程为：

$$\widehat{f}_t(u,\ v)=\min_{\xi_t\leqslant 0}\left\{\mathbb{E}\left[\gamma^L h\left(u-\xi_t-d_t^L\right)+c\left[v_0-\xi_t-\left(v_1-\xi_t\right)\wedge k\right]+\gamma\hat{f}_{t+1}\left(u_+,\ v_+\right)\right]\right\} \tag{8-3}$$

为简单起见，我们假设在计划范围结束时剩余的库存（或未满足的需求）被回收（或满足），单价（或成本）等于有效的单位订购成本$\gamma^m c$。因此，终端值函数为：$\hat{f}_{T+1}(u,\ v)=cv_0-\gamma^m cu$。根据系统状态$(u,\ v)$的含义，可以得到$\widehat{f}_t(u,\ v)$的定义域为：

$$\hat{S}:\ =\left\{(u,\ v)|u\in R,\ k\geqslant v_0\geqslant v_1\geqslant\cdots\geqslant v_{m-1}\geqslant 0\right\}$$

从系统状态动力学和最优性方程可以得出$(u,\ v)\in\hat{S}$，意味着$\left(u_+,\ v_+\right)\in\hat{S}$，因为对于任意$z_1,\ z_2\in R$，如果$z_1\geqslant z_2$，意味着$z_1\wedge k\geqslant z_2\wedge k$。

8.2.2 降维

应付账款s_0将在本期期末到期，不会影响下一期应付账款的累计金额，因此，s_0的值对其他应付账款的付款计划没有影响。这意味着最优订货量与s_0无关，因此，没有必要将v_0包含在动态程序的系统状态中。为了降维，可以从最优方程中消去v_0。

定义$\tilde{v}=\left(v_1, v_2, \cdots, v_{m-1}\right)$，由式（8-3）可以得知$\widehat{f}_t(u, v)-cv_0$的值只依赖于$(u, \tilde{v})$，因此，可以稍微修改代价（cost-to-go）函数如下：

$$f_t(u, \tilde{v})=\widehat{f}_t(u, v)-cv_0$$

由此式和式（8-2）可得：

$$f_{t+1}\left(u_+, \tilde{v}_+\right)=\hat{f}_{t+1}\left(u_+, v_+\right)-c\left[\left(v_1-\xi_t\right)\wedge k\right]$$

其中，

$$\tilde{v}_+=\left[\left(v_2, \cdots, v_{m-1}, 0\right)-\xi_t e\right]\wedge ke \tag{8-4}$$

综上所述，动态规划的最优性方程可改写为：

$$f_t(u, \tilde{v})=\min_{\xi_t\leqslant 0}\left\{\mathbb{E}\left[\gamma^L h\left(u-\xi_t-d_t^L\right)-c\xi_t-(1-\gamma)c\left[\left(v_1-\xi_t\right)\wedge k\right]+\gamma f_{t+1}\left(u_+, \tilde{v}_+\right)\right]\right\} \tag{8-5}$$

修改后的终值函数（terminal value function）为$f_{T+1}(u, \tilde{v})=-\gamma^m$cu。

系统状态的动力学由式（8-1）和式（8-4）给出。$f_t(u, \tilde{v})$的定义域为：

$$\hat{S}:=\left\{(u, \tilde{v})|u\in \mathrm{R}, \mathrm{k}\geqslant v_1\geqslant\cdots\geqslant v_{m-1}\geqslant 0\right\}$$

通过上述重新表述，将状态空间的维数从$m+1$降为m。

由于v_0已从系统状态中移除，如果信用期等于1，则公司的订购策略与应付账款状态无关。然而，这并不意味着在$m=1$的情况下，信用额度对企业的成本和订购策略没有影响。当在当前期间下订单时，公司必须根据信用额度和订单数量在当前期间或下一期间付款，有效边际采购成本受到信用额度的影响。因此，当信用周期为1时，最优订单数量与应付账款状态无关，但与信用额度相关。从技术角度看，修正后的最优性方程式（8–5）意味着企业当期的成本依赖于 k。式（8–4）中的系统状态动力学也表明下一个周期的应付账款状态取决于 k。

一般情况下，当 $m \geqslant 2$ 时，需要将应付账款状态考虑到模型中。然而，如果信用期限是无限的或足够大，那么长期运行后的最优订单数量将与应付账款状态无关。原因如下。如果 m 是无限大，则应付账款将永远不会到期，应付账款的总额将随着时间的推移而累积。一旦达到信用额度 k，企业需要支付超出信用额度的应付账款。应付账款的总金额始终保持不变（等于 k）。那么，企业实际上只需要为新产生的应付账款支付费用。因此，无论应付账款的使用年限如何，有效边际采购成本都是不变的。在这种情况下，问题就变成了传统的库存模型。

8.2.3 结构性质

利用本书第2章中关于 $L^{\natural}$ 凸性的已有结论，我们现在刻画最优性方程和最优订货策略的性质。

命题 8.1 对于 $t = 1, 2, \cdots, T + 1$，$f_t(u, \tilde{v})$ 在 v 的每个分量中都是递减的。

证明 我们用数学归纳法来证明。对于 $t = T + 1$ 这个命题的陈述显然是正确的。假设它对 $t + 1$ 成立。式（8–4）中给出的系统状态动力学表明，$\tilde{v}_+$ 的每个分量都在 $\tilde{v}$ 的每个分量中增加。因此，$f_{t+1}(u_+, \tilde{v}_+)$ 在 $\tilde{v}$ 的每个分量中都是递减的。由最优性方程式（8–5）可知，ξ_t 的可行集不受向量 $\tilde{v}$ 的影响。因此，$f_t(u, \tilde{v})$ 在 $\tilde{v}$ 的每个分量中都是递减的，因为在式（8–5）的期望和最小化操作下，这种单调性保持不变。

证明完毕。

命题8.1的结果是直观的，毕竟公司总是受益于较长的应付账款剩余期限。代价（cost-to-go）函数相对于$\tilde{v}$的分量的单调性，为分析最优解$\xi_t^*(u, \tilde{v})$如何依赖于状态$(u, \tilde{v})$提供了一个基础。

命题8.2 对于$t = 1, 2, \cdots, T + 1$，函数$f_t(u, \tilde{v})$在$(u, \tilde{v})$是$L^{\natural}$凸性函数。因此，对于任意$\omega > 0$，最优解$\xi_t^*(u, \tilde{v})$在$(u, \tilde{v})$中递增。

$$\xi_t^*(u + \omega, \tilde{v} + \omega e) \leqslant \xi_t^*(u, \tilde{v}) + \omega$$

证明 通过数学归纳可以证明，在动态规划递推中保持了$L^{\natural}$凸性。对于$t = T + 1$，$f_t(u, \tilde{v})$显然是$L^{\natural}$凸性函数。假设它对$t + 1$成立。应用命题8.1的结果，我们可以得出结论，$f_{t+1}(u_+, \tilde{v}_+)$在$(u, \tilde{v}, \xi_t)$上是$L^{\natural}$凸性函数，而且，式（8-5）中的其他项也是$L^{\natural}$凸性函数。因此，根据本书第2章关于$L^{\natural}$凸性的结论，在式（8-5）中的期望和最小化操作下，$f_t(u, \tilde{v})$的$L^{\natural}$凸性保持不变。

证明完毕。

命题8.2表明了最优决策对状态变量的单调性和有界灵敏度。也就是说，一些或所有状态变量的单位增加导致决策变量最多增加一个单位。决策变量的增长速度比状态变量的增长速度慢。上述命题还暗示了最优决策对不同到期日应付账款的敏感性是不同的。当$i > 1$时，状态$\tilde{v}$和状态$\tilde{v} + e_i$表示应付账款的总量相同。与$\tilde{v} + e_i$相比，在$\tilde{v}$上1单位的应付账款将替换为1单位年龄更大的应付账款。然而，$\xi_t^*(u, \tilde{v})$比$\xi_t^*(u, \tilde{v} + e_i)$小一些，基于这一观察，命题8.2也提供了一个关于应付账款的年龄如何影响最优决策的见解。为了表述方便定义$\tilde{s} = (s_1, s_2, \cdots, s_{m-1})$让$q_t^*(u, \tilde{s})$为关于$(u, \tilde{s})$的最优订货量。基于系统状态变换$v_i = \frac{1}{c}\sum_{j=i}^{m-1} s_j$在前一节中的定义，命题8.2中提出的最优决策$\xi_t^*(u, \tilde{v})$相对于$(u, \tilde{v})$的结构性质可以转换回$q_t^*(u, \tilde{s})$相对于$(u, \tilde{s})$的结构性质。

命题 8.3 对于 $t=1, 2, \cdots, T+1$，最优订货量 $q_t^*(u, \tilde{s})$ 在 $(u, \tilde{s})$ 中递减，且

$$\begin{aligned} q_t^*(u, \tilde{s}) - \omega &\leqslant q_t^*(u+\omega, \tilde{s}+\omega e_{m-1}) \leqslant \cdots \leqslant q_t^*(u+\omega, \tilde{s}+\omega e_2) \\ &\leqslant q_t^*(u+\omega, \tilde{s}+\omega e_1) \leqslant q_t^*(u+\omega, \tilde{s}) \leqslant q_t^*(u, \tilde{s}) \end{aligned}$$

对于任何 $\omega \geqslant 0$ 均成立。

命题 8.3 表明，最优订货量在各年龄段的应付账款水平上呈递减趋势，且敏感性随年龄增长而降低。其中，最优订货量对较年轻的应付账款更敏感，对接近到期需要支付的应付账款最不敏感。换句话说，对于给定的应付账款总量，应付账款的期限越短，订单数量就越高。当下订单时，在公司的资产负债表上会创建一个新的应付账款。同时，超过信用额度的应付款必须立即支付。应付账款越年轻，立即支付造成的损失就越大。因此，企业有更大的动机减少订单数量，以避免在应付账款年轻时支付未到期的应付账款。

8.2.4 终端值函数的变化

在前面的小节中，我们使用终端值函数 $\hat{f}_{T+1}(u, v) = cv_0 - \gamma^m cu$，其含义是：在规划期结束时，所有应付账款都在 $T+1$ 期间支付，无论其到期日的差异如何。下面，我们将讨论一个更精细的终端值函数，并表明这样一个替代设置不会改变主要结果。

如果计划期结束时剩余应付账款的支付可以延迟到到期日，则终端值函数为：

$$\begin{aligned} \hat{f}_{T+1}(u, v) &= c\left[\sum_{i=0}^{m-2} \gamma^i (v_i - v_{i+1}) + \gamma^{m-1} v_{m-1}\right] - \gamma^m \\ &= cv_0 - c(1-\gamma)\sum_{i=1}^{m-1} \gamma^{i-1} v_i - \gamma^m cu \end{aligned}$$

将代价函数 $f_t(u, \tilde{v}) = \hat{f}_t(u, v) - cv_0$ 修改为终端值函数，得到

$$f_{T+1}(u, \tilde{v}) = -c(1-\gamma)\sum_{i=1}^{m-1}\gamma^{i-1}v_i - \gamma^m cu$$

显然，上述修正的终端值函数$f_{T+1}(u, \tilde{v})$仍然是关于$(u, \tilde{v})$的$L^{\natural}$凸性函数，且在$\tilde{v}$的各个分量中递减。因此，8.2.3节的所有分析和结果仍然成立。

8.3 需求丢失情形

在8.2节中，我们假设超过库存的需求是积压的。在本节中，我们转向销售损失案例。接下来，我们将问题表述为一个随机动态规划，给出降维方法，然后分析价值函数的结构性质和最优订货策略。

8.3.1 问题表述及模型构建

对于给定的订单数量，销售损失情况下应付账款状态（和应付账款支付）的动态与积压情况下的动态相同。两种情况的主要区别在于销售收入和库存状态的动态。需求d_t在t时期实现后，满足的需求为$min(x_0, d_t)$，未满足的需求丢失。库存过剩和库存不足的成本为$h(x_0 - d_t)$，可以等价地写成$h(u_0 - u_1 - d_t)$。让u_+表示满足需求后的库存总量。然后，我们有：

$$u_+ = (x_0 - d_t)^+ + \sum_{i=1}^{L-1}x_i = (x_0 - d_t)^+ + u_1$$

因此，满足的需求$min(x_0, d_t)$可以写成：

$$\begin{aligned} min(x_0, d_t) &= x_0 - (x_0 - d_t)^+ \\ &= x_0 + \sum_{i=1}^{L-1}x_i - \left[(x_0 - d_t)^+ + \sum_{i=1}^{L-1}x_i\right] = u_0 - u_+ \end{aligned}$$

满足需求后的库存为$(x_0 - d_t)^+$，可表示为：

$\left(x_0 - d_t\right)^+ = u_+ - u_1$。

令$\left(u_+, v_+\right)$表示下一期初的存货和应付账款状态。系统状态转移如下：

$$u_+ = \left(u_+ - \xi_t,\ u_2 - \xi_t,\ \cdots,\ u_{L-1} - \xi_t,\ -\xi_t\right) = \left(u_+,\ u_2,\ \cdots,\ u_{L-1},\ 0\right) - \xi_t e$$

$$\begin{aligned} v_+ &= \left(v_1 - \xi_t,\ v_2 - \xi_t,\ \cdots,\ v_{m-1} - \xi_t,\ -\xi_t\right) \wedge ke \\ &= \left[\left(v_1,\ v_2,\ \cdots,\ v_{m-1},\ 0\right) - \xi_t e\right] \wedge ke \end{aligned} \tag{8-6}$$

令$\widehat{f}_t(u, v)$为订货前周期t开始时系统状态为(u, v)时的运行成本函数。由于未满足需求的损失，销售收入取决于库存水平。但是，损失的销售利润可以并入库存不足成本。

因此，最优性方程为：

$$\widehat{f}_t(u, v) = \min_{\xi_t \leqslant 0}\left\{\mathbb{E}\left[\widehat{g}_t\left(u, v, \xi_t | d_t\right)\right]\right\}$$

其中，

$$\widehat{g}_t\left(u, v, \xi_t | d_t\right) = \min_{u_+}\left\{\widehat{K}_t\left(u, v, \xi_t, u_+ | d_t\right):\ 0 \leqslant u_+ - u_1,\ 0 \leqslant u_0 - u_+ \leqslant d_t\right\}$$

并且，$\widehat{K}_t\left(u, v, \xi_t, u_+ | d_t\right) = h\left(u_0 - u_1 - d_t\right) + c\left[v_0 - \xi_t - \left(v_1 - \xi_t\right) \wedge k\right] + \gamma \hat{f}_{t+1}\left(u_+, v_+\right)$

终端值函数为$\hat{f}_{T+1}(u, v) = cv_0 - \gamma^m c u_0$，在计划周期结束时，以支付剩余应付账款的成本减去剩余库存的残值。状态空间如下：

$$\hat{S}:\ = \{(u, v) | u_0 \geqslant u_1 \geqslant \cdots \geqslant u_{L-1} \geqslant 0,\ k \geqslant v_0 \geqslant v_1 \geqslant \cdots \geqslant v_{m-1} \geqslant 0\} \tag{8-7}$$

约束$u_+ - u_1 \geqslant 0$表示满足的需求不大于库存。约束$0 \leqslant u_0 - u_+ \leqslant d_t$保证满足的需求非负且不大于实现的需求。值得注意的是，在前面的讨论中，u_+的值被确定为$u_+ = (x_0 - d_t)^+ + u_1$。但在上述最优性方程中，$u_+$被视为决策变量，可以取可行集中的任意值。这种建模方法的目的是方便我们后面的分析。实际上，企业不应该同时持有库存和拒绝需求，因为在不考虑价格因素时，满足当前需求总是比持有库存来满足未来需求更有利可图。因此，公司将使u_+的价值尽可能低。从最优性方程的约束条件$\left(u_+ \geq u_1 且 u_+ \geq u_0 - d_t\right)$，我们知道，在优化操作中，以下等式将自动成立：

$$\begin{aligned} u_+ &= max(u_0 - d_t,\ u_1) = max(u_0 - u_1 - d_t,\ 0) + u_1 \\ &= max(x_0 - d_t,\ 0) + u_1 = (x_0 - d_t)^+ + u_1 \end{aligned}$$

这个技术技巧也被Zipkin（2008）用于需求丢失模型中。

8.3.2 降维

这里应付账款的数量并非完全独立于采购历史（前一时期的订单数量），因此，库存状态包含应付账款状态的一些信息。这就提供了从库存状态向量u中计算应付账款状态向量v的某些分量的可能性。具体来说，由于补货的提前期为L，因此在运库存对应于最后$L-1$个周期产生的应付账款。u和v的分量之间的定量关系如下：

引理8.1 对于任意的$\xi_t \leqslant 0$且$1 \leqslant i \leqslant m \wedge L-1$，$v_{m-i} = u_{L-i} \wedge k$和$(v_{m-i} - \xi_t) \wedge k = (u_{L-i} - \xi_t) \wedge k$是成立的。

证明 通过数学归纳法。根据u和v的定义，我们有$v_{m-1} = x_{L-1} \wedge k = u_{L-1} \wedge k$。因此，当$i=1$时，该语句成立。假设它对$i-1$成立。同时$(x+y) \wedge k = (x \wedge k + y) \wedge k$对任意$x$，$y \geqslant 0$成立。然后，我们得到：

$$\begin{aligned} v_{m-i} &= (v_{m-i+1} + x_i) \wedge k = (u_{L-i+1} \wedge k + x_i) \wedge k \\ &= (u_{L-i+1} + x_i) \wedge k = u_{L-i} \wedge k \end{aligned}$$

由上述两个等式和$\xi_t \leqslant 0$，我们有：

$$(v_{m-i} - \xi_t) \wedge k = (u_{L-i} \wedge k - \xi_t) \wedge k = (u_{L-i} - \xi_t) \wedge k$$

因此，期望的结果是成立的。

证明完毕。

引理8.1表明应付账款状态向量v的一些分量在最优性方程中是不可忽略的，因此，可以降低状态空间的维数。通过对交货期和信用期的比较，将问题分为两种情况：（1）信用期等于或小于交货期($m \leqslant L$)；（2）信用期大于交货期($m > L$)。下面，我们给出了具体的降维方法。

情况（1） ($m \leqslant L$)。

在这种情况下，根据引理8.1，当$i = 1, \cdots, m-1$时，$(v_{m-i} - \xi_t) \wedge k$在动态规划公式中可以用$(u_{L-i} - \xi_t) \wedge k$来代替。在做了这样的替换之后，最优性方程中涉及$v$的唯一项是$-cv_0$，而其他项只依赖于u。因此，$\widehat{f}_t(u, v)$成本函数（cost-to-go function）可以表示为$\widehat{f}_t(u, v) = f_t(u) + cv_0$。根据引理8.1和应付账款状态的动力学，我们有：

$$\begin{aligned}\hat{f}_{t+1}(u_+, v_+) &= f_{t+1}(u_+) + c[(v_1 - \xi_t) \wedge k] \\ &= f_{t+1}(u_+) + c[(u_{L-m+1} - \xi_t) \wedge k]\end{aligned}$$

最优性方程可改写为：

$$f_t(u) = \min_{\xi_t \leqslant 0}\left\{\mathbb{E}\left[g_t(u, \xi_t|d_t)\right]\right\}$$

其中，

$$g_t(u, \xi_t|d_t) = \min_{u_+}\{K_t(u, \xi_t, u_+|d_t): 0 \leqslant u_+ - u_1, 0 \leqslant u_0 - u_+ \leqslant d_t\}$$

其中，

$$K_t(u, \xi_t, u_+|d_t) = h(u_0 - u_1 - d_t) - c\xi_t - (1-\gamma)c[(u_{L-m+1} - \xi_t) \wedge k] + \gamma f_{t+1}(u_+)$$

终端值函数为$f_{T+1}(u) = -\gamma^m cu_0$。系统状态的动力学由式（8-6）给出。$f_t(u)$的定义域如下：

$$S: = \{u|u_0 \geqslant u_1 \geqslant \cdots \geqslant u_{L-1} \geqslant 0\}$$

显然，上述动态规划公式中的状态空间维数为L。

根据引理8.1，由$m \leqslant L$可得$v_{m-i} = u_{L-i} \wedge k$对$i = 1, \cdots, m-1$成立。因此，$u \in S$意味着$k \geqslant v_1 \geqslant \cdots \geqslant v_{m-1} \geqslant 0$，即式（8-7）中的第二个约束。

情况（2）　$(m > L)$

在这种情形下，$(u_1, \cdots, u_{L-1})$对应$(v_{m-L+1}, \cdots, v_{m-1})$。根据引理8.1，当$i = 1, \cdots, L-1$时，动态规划公式中的$(v_{m-i} - \xi_t) \wedge k$可以用$(u_{L-i} - \xi_t) \wedge k$代替。定义一个简化后的应付账款状态向量$\hat{v} = (v_1, v_2, \cdots, v_{m-L})$然后可以观察到，$\hat{f}_t(u, v) - cv_0$的值只依赖于$(u, \hat{v})$。因此，我们可以定义函数$f_t(u, \hat{v})$为$f_t(u, \hat{v}) = \hat{f}_t(u, v) - cv_0$或等价：

$$\hat{f}_t(u, v) = f_t(u, \hat{v}) + cv_0$$

下一周期退化后的应付账款的状态为：

$$\hat{v}_+ = [(v_2, \cdots, v_{m-L}, v_{m-L+1}) - \xi_t e] \wedge ke$$

为了降维，v_{m-L+1}应该被移除。注意到$v_{m-L+1} = v_{m-L} \wedge v_{m-L+1}$对$(u, v) \in \widehat{S}$成立，根据引理8.1，我们有：

$$\begin{aligned}(v_{m-L+1} - \xi_t) \wedge k &= (v_{m-L} \wedge v_{m-L+1} - \xi_t) \wedge k \\ &= (v_{m-L} \wedge u_1 \wedge k - \xi_t) \wedge k = (v_{m-L} \wedge u_1 - \xi_t) \wedge k\end{aligned}$$

因此，应付账款状态还原的动态如下：

$$\hat{v}_+ = [(v_2, \cdots, v_{m-L}, v_{m-L} \wedge u_1) - \xi_t e] \wedge ke。 \tag{8-8}$$

根据$f_t(u, \hat{v})$的定义，我们有：

$$\hat{f}_{t+1}(u_+, v_+) = f_{t+1}(u_+) + c[(v_1 - \xi_t) \wedge k]。$$

根据以上讨论，最优性方程可以改写为：

$$f_t(u, \hat{v}) = \min_{\xi_t \leqslant 0} \left\{ \mathbb{E}\left[g_t(u, \hat{v}, \xi_t | d_t) \right] \right\} \tag{8-9}$$

其中，

$$g_t(u, \hat{v}, \xi_t | d_t) = \min_{u_+} K_t(u, \hat{v}, \xi_t, u_+ | d_t): 0 \leqslant u_+ - u_1, 0 \leqslant u_0 - u_+ \leqslant d_t \tag{8-10}$$

并且，

$$K_t(u,\ \hat{v},\ \xi_t,\ u_+|d_t) = h(u_0 - u_1 - d_t) - c\xi_t - (1-\gamma)c[(v_1 - \xi_t)\wedge k] + \gamma f_{t+1}(u_+,\ \hat{v}_+) \tag{8-11}$$

终端值函数为$f_{T+1}(u,\ \hat{v}) = -\gamma^m cu_0$。系统状态的动力学由式（8-6）和式（8-8）给出，任何可能的状态都属于以下集合：

$$S_k = \{(u,\ \hat{v})|u_0 \geqslant u_1 \geqslant \cdots \geqslant u_{L-1} \geqslant 0,\ k \geqslant v_1 \geqslant \cdots \geqslant v_{m-L} \geqslant 0\}$$

显然，在这个新公式中，状态空间的维数是m。

$(u,\ \hat{v}) \in S$，意味着$(u_+,\ \hat{v}_+) \in S$。虽然$v_{m-L+1} = u_1 \wedge k$被用来重新表述递归最优性方程，但这个约束没有包含在S的定义中。另外$v_{m-L} \geqslant v_{m-L+1}$和$v_{m-L+1} = u_1 \wedge k$会导致额外的约束$v_{m-L} = u_1 \wedge k$，这导致$S$是非凸的。为了使新的建模保持一致性，我们利用$v_{m-L} \geqslant v_{m-L+1}$将应付账款状态的动态定义为式（8-8）。总之，这个不等式被纳入到系统状态的动力学中，但被排除在上述状态空间的定义之外。因此，在现实中，可能永远不会到达集合S中的某些状态。但是，从技术角度来看，没有必要禁止S包含任何不可达状态，因为这不会改变任何可达状态对应的最优解和目标值。

综合两种情况，状态空间的维数可由$m + L$减至$m \wedge L$，特别是当$m \leqslant L$时，系统状态只包含库存状态u，应付账款状态v可以去掉。如果$m > L$，则系统状态包括库存状态u和减少应付账款状态$\hat{v}$。

8.3.3 结构性质

现在我们准备对需求丢失模型进行结构分析。为简洁起见，我们只给出了$m > L$情况下最优订货策略的结构性质，因为它比$m \leqslant L$情况要复杂一些。

命题 8.4 对于$t = 1,\ 2,\ \cdots,\ T+1$，$f_t(u,\ \hat{v})$在$\hat{v}$的每个分量中都是递减的。

证明 采用数学归纳法进行证明，当$t = T + 1$这个命题的表述显

然为真。假设它对 $t+1$ 成立。式（8-8）给出的应付账款状态动力学表明，$f_{t+1}(u_+, \hat{v}_+)$ 在 $\hat{v}$ 的每个分量中都是递减的。此外，$(v_1-\xi_t)\wedge k$ 随着 v_1 的增加而增加。因此，$K_t(u, \hat{v}, \xi_t, u_+|d_t)$ 在 $\hat{v}$ 的各个分量中也呈递减趋势。式（8-9）和式（8-10）中决策变量的可行集与 $\hat{v}$ 无关。

因此，$f_t(u, \hat{v})$ 在 $\hat{v}$ 的每个分量中都是递减的，因为在期望和最小化操作下保持了单调性。

证明完毕。

命题8.5 对于 $t=1, 2, \cdots, T+1$，函数 $f_t(u, \hat{v})$，$g_t(u, \hat{v}, \xi_t|d_t)$，$K_t(u, \hat{v}, \xi_t, u_+|d_t)$ 分别在 $(u, \hat{v})$，$(u, \hat{v}, \xi_t)$，$(u, \hat{v}, \xi_t, u_+)$ 上都是 $L^{\natural}$ 凸性函数。最优解 $\xi_t^*(u, \hat{v})$ 在 $(u, \hat{v})$ 中递增，并且对于任何 $\omega>0$ 都成立

$$\xi_t^*(u+\omega e, \hat{v}+\omega e) \leqslant \xi_t^*(u, \hat{v})+\omega$$

证明 通过 t 的归纳法。让 $t=T+1$，很明显，$f_t(u, \hat{v})$ 是 $L^{\natural}$ 凸性，假设它对 $t+1$ 成立。根据命题8.4，$f_{t+1}(u_+, \hat{v}_+)$ 在 $(u, \hat{v}, \xi_t, u_+)$ 上是 $L^{\natural}$ 凸性，（8-11）中的其他项也是 $L^{\natural}$ 凸性。因此 $g_t(u, \hat{v}, \xi_t|d_t)$，$f_t(u, \hat{v})$ 是 $L^{\natural}$ 凸性。

证明完毕。

定义 $\hat{s}=(s_1, s_2, \cdots, s_{m-L})$，设 $q_t^*(x, \hat{s})$ 是关于 $(x, \hat{s})$ 的最优订货量，然后我们得到下面的结果。

命题8.6 对于 $t=1, 2, \cdots, T+1$，对于任意 $\omega>0$，最优订货量 $q_t^*(x, \hat{s})$ 在 $(x, \hat{s})$ 上递减。

$$\begin{aligned} q_t^*(x, \hat{s})-\omega &\leqslant q_t^*(x+\omega e_{L,}, \hat{s}) \leqslant \cdots \leqslant q_t^*(x+\omega e_{2,}, \hat{s}) \\ &\leqslant q_t^*(x+\omega e_{1,}, \hat{s}) \leqslant q_t^*(x, \hat{s}) \end{aligned}$$

$$\begin{aligned} q_t^*(x, \hat{s})-\omega &\leqslant q_t^*(x, \hat{s}+\omega e_{m-L,}) \leqslant \cdots \leqslant q_t^*(x, \hat{s}+\omega e_{2,}) \\ &\leqslant q_t^*(x, \hat{s}+\omega e_{1,}) \leqslant q_t^*(x, \hat{s}) \end{aligned}$$

命题8.6揭示了每个年龄段的库存中最优订货量是递减的。此外，最优订单数量对稍后到达的库存（即最近下的订单）更为敏感。Zipkin（2008）在前置时间为正的需求丢失销售模型中获得了类似的结果。最优订货量相对于$\hat{s}$的结构性质与积压情况相似。虽然命题8.6不涉及s_{m-L+1}，…，s_{m-1}对最优订单数量的影响，但这并不意味着最优订单数量独立于它们，因为它们的信息已经包含在库存状态x中。

对于$m \leqslant L$的需求丢失模型，可以得到命题8.5和命题8.6的类似结论。事实上，由于应付账款状态在降维后被完全去除，其结构性质（及其证明）与Zipkin（2008，Theorem 4 and Corollary 5）几乎相同。

8.4 信用额度的影响

如前所述，当存在信用额度时，应付账款级别应该被合并到系统状态中。我们还证明了最优订货量在每个年龄的应付账款水平上都是递减的，敏感性随着年龄的增长而降低。值得注意的是，信用额度在最优订货策略的结构特性中起着关键作用。如果信用额度为0，公司永远不能延迟付款。由于支付时间与订单数量和当前应付账款水平无关，因此边际采购成本是恒定的，不需要将应付账款状态包含在模型中。这样，问题就简化为单位采购成本为c的传统库存模型。如果没有信用额度，企业总是可以延迟m期付款，应付账款水平不会影响最优订货量，在动态规划公式中可以从系统状态中剔除。因此，企业面临一个经典的动态库存控制问题，其中单位采购成本为$\gamma^m c$。

众所周知，对于没有信用限制的积压模型，基本库存策略是最优的。然而，如果信用额度确实存在，则当$m > 1$时，最优订货量$q_t^*(u, \tilde{s})$取决于应付账款状态。显然，基本库存策略不再是最优的。此外，依赖应付账款的基本库存策略通常也不是最优的，也就是说，当应付账款状态$\tilde{s}$保持不变时，最优的订单级别不一定不变。注意，这种（依赖于应付账款的）基础库存策略的非最优性，实际上并不要求$m > 1$。即使在$m = 1$的情况下，最优订单数量与应付账款状态无关，基本库存策略也仍然不是最优的。类似地，对于没有信用限制的销售损失模型，如果交货时间为零，基本库存策略是最优的。然而，当信用额度被纳入需求丢失模型时，即使交货时间为零，基本库存策略也不是最优的。这是因为，在存在信用限额的情况下，应付账款的付款时间受到订单数量的影响，边际采购成本可能随订单数量的变化而变化。因此，最优订单水平可能随当前库存水平而变化。

接下来，我们提供一个数值示例来说明信用限额的存在如何显著影响积压情况下的最优订购策略。参数设置如下：$m = 1$，$L = 0$，$c = 10$，$h^+ = 1$，$h^- = 4$，$K = 4$，$\gamma = 0.9$，$T = 2$。各时段的需求在区间上均匀分布[0, 1]，即$d_1 \sim U[0, 1]$和$d_2 \sim U[0, 1]$。第一个和第二个周期的订至点水平（order-up level）如图8-2所示。显然，最优订购策略不同于基本库存策略。如上所述，当信用额度被移除，或者相当于$K = +\infty$时，我们的模型将缩减为传统的积压模型。根据Porteus（2002，定理6.2），（短视）基础库存策略是最优的。计算出第一和第二阶段的最优订货至水平为$\max(u, 0.62)$。如图8-2所示，根据u的值，第一阶段的最优订单上限可能低于或高于$\max(u, 0.62)$，因此，较高的信用额度并不一定会导致更多的订单数量。

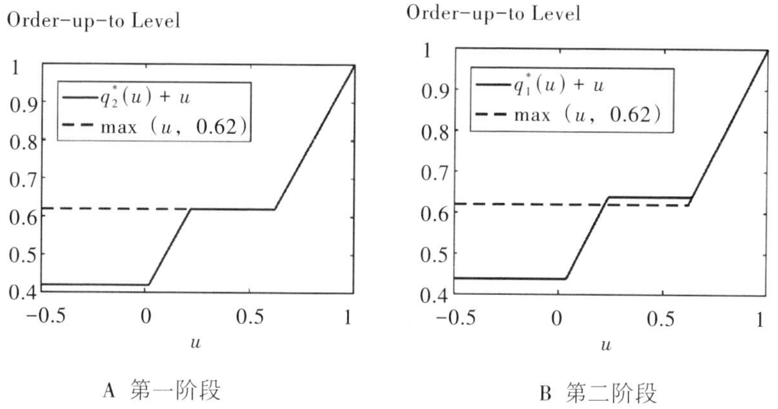

图 8-2　积压情况下的最优订货策略

除了k的值有所变化外，所有参数与前面示例中使用的参数保持相同。图 8-3 显示了在给定库存状态 u 下，最优订单数量是如何依赖于信用额度的。我们可以观察到信用额度对最优订单数量的影响是显著的。

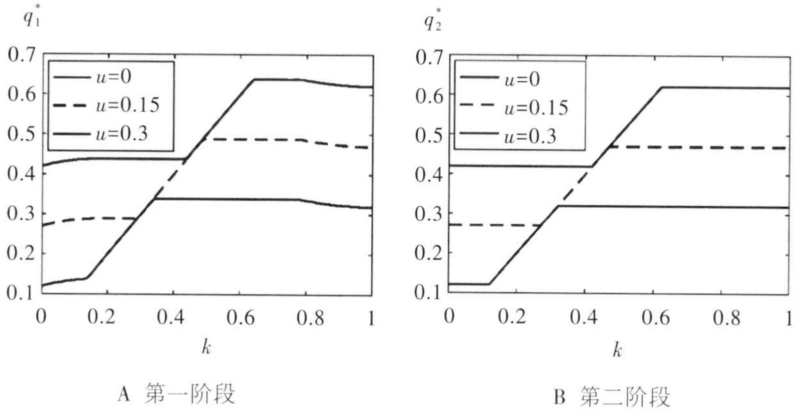

图 8-3　信用额度对最优订货量的影响

此外，q_2^*在k中是递增的，但q_1^*在k中不是单调的。这一观察结果与图 8-2 一致，并且易于理解。在第二个时期（最后一个时期），公司面临一个单期问题。k越大意味着有效采购成本越低，因此，公司肯定会订购更多。但是，在第一期，企业需要考虑下一期的潜在成本。k越大意味着当期和下一期的采购成本都越低。未来较低的成本可能促使企业减少当期的订货量。解释这一现象的另一种观点是：如果当前时期的订货量很低，公司可能不得不在下一时期订购更多的产品，随着信用额度的降低，超过信用额度的可能性就越大，因此，企业有动机在下一时期避免大量订购，并在当期更充分地利用信用额度。

由于信用额度对最优订货量的影响是显著的，如果忽略信用额度，企业可能会选择与最优解决方案偏差较大的订货量。为了检验考虑信用额度的重要性，我们将最优成本（最优订货策略下的预期成本）与应用从没有信用额度的模型导出的策略所产生的成本进行比较。让 $T=2$，$d_t \sim U[0,1]$，$t=1,2,\cdots,T$，在[0，1]区间上，各时段的需求均匀分布。其他参数与前面示例中使用的参数相同。初始库存水平被设置为等于0。令 J^* 表示最优期望成本，令 J^* 表示不考虑信用额度的订货策略下的期望成本。图8-4显示了它们之间的相对差异，因为信用额度在积压和销售损失情况下是不同的。可以观察到，如果信用额度不是很高，忽略信用额度所造成的百分比损失是比较显著的。因此，在一般情况下，当我们在库存系统中选择采取一些延迟付款的政策时，如果存在信用额度，则应考虑信用额度的影响。

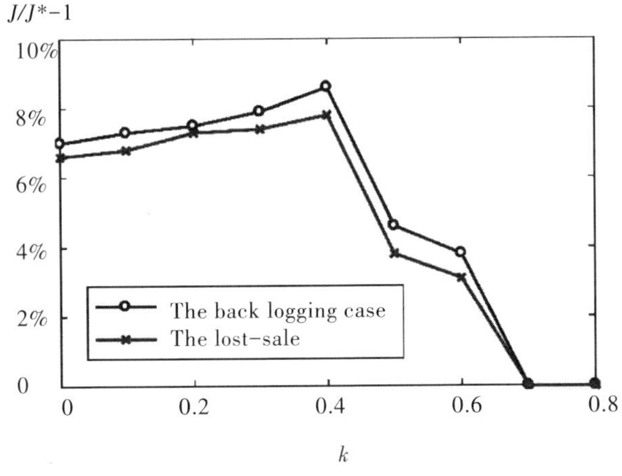

图8-4　忽略信用额度造成的损失百分比

8.5 算法设计

在本节中，我们依然基于$L^{\natural}$凸性函数的二次逼近和线性规划（ADP-LP）方法的近似动态规划的LP贪婪启发式方法来解决问题。在本节中，假设不同时期的需求不仅是独立的，而且是同分布的。在前面的章节中，我们研究了积压和销售损失案例。为了表示LP贪婪启发式算法，我们使用具有较长信用期（$m > L$）的需求丢失模型作为示例，其中成本函数为$f_t(u, \hat{v})$，状态空间维数为m。注意，我们的启发式算法也可以应用于积压情况，为简洁起见省略了它的表示。

8.5.1 近似动态规划的线性规划表述

当可能状态和可行动作有限时，存在离散时间无限期（infinite-horizon）动态规划模型的精确线性规划表达式。为了表示方便，我们使用$z = (u, \hat{v})$和$z_+ = (u_+, \hat{v}_+)$表示系统状态。函数$f(z, \xi, d)$定义如下：$f(z, \xi, d) = h(u_0 - u_1 - d) - c\xi - (1 - \gamma)c[(v_1 - \xi) \wedge k]$。则动态规划式（8-9）至式（8-11）对应的精确线性规划公式为：

$$\max_{\{f(z):\ z \in \mathcal{Z}\}} \sum_{z \in \mathcal{Z}} \omega f(z)$$

$$\text{S.t.} \quad f(z) \leqslant \mathbb{E}[(f(z, \xi, d) + \gamma(z_+(z, \xi, d))]$$

$$\forall z \in \mathcal{Z},\ \xi \leqslant 0,$$

其中，$\mathcal{Z}$为状态空间，$\{\omega_z\}_{z \in \mathcal{Z}}$为一些状态相关权值。

在上述线性规划问题中，权重可以是任意正数（De Farias and Van Roy，2003）。可行动作集合$\xi \leqslant 0$是无限的，我们可以人为地为这个集合强加一些界限。然而，求解这种线性规划问题是不现实的，因为它同时包含太多的决策变量和约束。

为了降低计算的复杂性，我们使用二次函数作为基函数来近似成本函数$f(z)$。这里我们降维后空间维度为m，因此在原动态规划中应用这种二次逼近将只产生$(m+1)(m+2)/2$个决策变量，但仍然有太多的约束。De Farias和Van Roy（2003，2004）提出，状态相关权重应接近最优策略下的稳态分布，以获得良好的近似，并且由性能良好的策略生成的约束的采样子集将是ADP-LP约束的合理选择。为了得到二次逼近的$(m+1)(m+2)/2$系数，我们最终需要解决以下线性规划问题：

$$\max_{\substack{\{\mu_i\}_{i=1}^m \\ \{\mu_{ij}|i<j\leqslant m\} \\ \{\lambda_i\}_{i=1}^m,\ \upsilon}} \sum_{z\in\overline{Z_{\hat{p}}}}\left[\sum_{i=1}^m \mu_i z_i^2 + \sum_{ij:\ i<j\leqslant m}\mu_{ij}(z_i - z_j)^2 + \sum_{i=1}^m \lambda_i z_i + \upsilon\right]$$

$$\text{S. t.}\quad \sum_{i=1}^m \mu_i z_i^2 + \sum_{ij:\ i<j\leqslant m}\mu_{ij}(z_i - z_j)^2 + \sum_{i=1}^m \lambda_i z_i + \upsilon \leqslant E\left\{f(z,\ \xi,\ d) + \gamma\left[\sum_{i=1}^m \mu_i z_{i,\ +}^2 + \right.\right.$$

$$\left.\left.\sum_{ij:\ i<j\leqslant m}\mu_{ij}(z_{i,\ +} - z_{j,\ +})^2 + \sum_{i=1}^m \lambda_i z_{i,\ +} + \upsilon\right]\right\} \qquad (8\text{-}12)$$

$$\forall z\in\overline{Z_{\hat{p}}},\ \xi\leqslant 0$$

$$\mu_i\geqslant 0,\ \forall i=1,\ \cdots,\ m_i$$

$$\mu_{ij}\geqslant 0,\ \forall i,\ j:\ i<j\leqslant m$$

其中，$\hat{p}$是销售损失模型中已有的性能良好的启发式策略之一，$\overline{\mathcal{Z}_{\hat{p}}}$是在启发式策略$\hat{p}$下模拟状态长轨迹生成的状态样本。严格地说，$\overline{\mathcal{Z}_{\hat{p}}}$不是一个集合，它表示状态的可能轨迹。因此，在上述线性规划问题的目标函数中，直接取$\overline{\mathcal{Z}_{\hat{p}}}$的和可以表示状态相关权值。

让$\{\tilde{u}_i\}_{i=1}^m$，$\{\tilde{u}_{ij}|i<j\leqslant m\}$，$\{\tilde{\lambda}_i\}_{i=1}^m$和$\tilde{\upsilon}$为线性规划问题式（8-12）的解，然后我们得到了代价函数$f(z)$的二次逼近。

$$f^{ADP}(z) = \sum_{i=1}^m \tilde{u}_i z_i^2 + \sum_{ij:\ i<j\leqslant m}\tilde{u}_{ij}(z_i - z_j)^2 + \sum_{i=1}^m \tilde{\lambda}_i z_i + \tilde{\upsilon}$$

8.5.2 基于二次近似的启发式算法

基于ADP的二次逼近，我们提出了一种启发式的线性规划贪婪（LP-greedy）策略，其特征为

$$\xi^{LPg}(z)=\arg\min_{\xi\leq 0}\mathbb{E}\{f(z,\ \xi,\ d)+\gamma f^{ADP}(z_{+})\} \tag{8-13}$$

由于众所周知的“维数灾难”，用递归解决原始的动态规划问题式（8-9）至式（8-11）是难以解决的。计算负担主要来自式（8-11）右侧的cost-to-go项$f_{t+1}(u_{+},\ \hat{v}_{+})$。通过上述近似，可以将原问题转化为每个周期的单变量最小化问题式（8-13）。如果给出了f^{ADP}的表达式，问题就容易解决了。

现在我们需要选择一个合适的策略$\hat{p}$来生成线性规划问题式（8-12）中的样本状态$\mathcal{Z}_{\hat{p}}$、样本约束和状态相关权值ω_z，从而得到f^{ADP}中的系数。De Farias和Van Roy（2003，2004）认为，为了提高逼近的精度，应该选择尽可能接近最优策略的$\hat{p}$。然而，使用更复杂的启发式方法来生成状态轨迹是非常耗时的。此外，这种启发式的性能优势取决于实际的数值实验，可能不是很显著。总的来说，在选择“合适的$\hat{p}$”启发式方法时，我们应该在有效性和效率之间做出权衡。这里我们选择一个常数顺序策略作为生成策略$\hat{p}$。

8.6 数值实验

在本节中，我们进行数值研究，以评估我们设计的LP-greedy算法在一系列参数设置下与最优策略的性能进行比较。考虑一个无限规划期（infinite-horizon）问题，其中不同时期的需求是独立且同分布的。各时期的需求遵循离散的均匀分布{0，1，2，3}和{0，1，2，3，4，5，6}，分别用$U[0,\ 3]$和$U[0,\ 6]$表示。初始状

态是零向量。其他参数设置如下：$c=10$，$h^{+}=4$，$h^{-}=16$，$\gamma=0.9$，$L\in\{2, 3\}$，$K\in\{30, 40, 50\}$，$m\in\{4, 5\}$。通过这些参数设置，表8-1总共报告了24个销售损失案例，其中LPg表示贪婪策略下的成本，Opt表示最优策略下的成本，以及Gap = (LPg - Opt)/Opt × 100%。

表8-1 **需求丢失情况下LP-greedy策略和最优策略下的成本**

Demand	m	L	K	LPg	Opt	Gap（%）
$U[0, 3]$	4	2	30	279.14	274.42	1.72
$U[0, 3]$	4	2	40	258.99	254.26	1.86
$U[0, 3]$	4	2	50	241.10	236.00	2.16
$U[0, 3]$	4	3	30	282.90	278.80	1.47
$U[0, 3]$	4	3	40	268.08	265.29	1.05
$U[0, 3]$	4	3	50	247.40	243.20	1.73
$U[0, 3]$	5	2	30	275.42	268.86	2.44
$U[0, 3]$	5	2	40	256.13	252.72	1.35
$U[0, 3]$	5	2	50	237.65	232.47	2.23
$U[0, 3]$	5	3	30	277.73	271.86	2.16
$U[0, 3]$	5	3	40	267.19	262.26	1.88
$U[0, 3]$	5	3	50	236.10	232.02	1.76
$U[0, 6]$	4	2	30	498.54	487.57	2.25
$U[0, 6]$	4	2	40	475.55	466.41	1.96
$U[0, 6]$	4	2	50	442.80	435.92	1.58
$U[0, 6]$	4	3	30	508.22	498.40	1.97
$U[0, 6]$	4	3	40	489.46	478.46	2.30

续表

Demand	m	L	K	LPg	Opt	Gap（%）
$U[0, 6]$	4	3	50	461.92	454.69	1.59
$U[0, 6]$	5	2	30	491.24	481.75	1.97
$U[0, 6]$	5	2	40	472.52	464.30	1.77
$U[0, 6]$	5	2	50	438.34	433.87	1.03
$U[0, 6]$	5	3	30	498.65	491.03	1.55
$U[0, 6]$	5	3	40	476.53	468.84	1.64
$U[0, 6]$	5	3	50	456.91	446.24	2.39
Average				368.27	361.65	1.83

为了获得LP-greedy算法，我们生成了1 100个周期的随机需求路径序列，并根据恒序策略模拟了系统状态。丢弃状态的前100个周期，以减轻从全零状态启动系统的瞬态效应。剩余的1 000个周期的状态作为样本状态集$\overline{\mathcal{Z}}_p$。然后，通过求解线性规划问题式（8-12），得到二次函数f^{ADP}的系数$\{\tilde{u}_i\}_{i=1}^m$，$\{\tilde{u}_{ij}|i<j\leqslant m\}$，$\{\tilde{\lambda}_i\}_{i=1}^m$和$\tilde{v}$。最后，通过求解单变量极小化问题式（8-13）得到LP-greedy算法。采用标准值迭代法计算最优策略。

在每个实例中，LP-greedy策略的计算时间大约为10秒，然而，采用标准值迭代法获得最优策略的时间要长得多。只有当这些问题很小时，才有可能找到全局最优策略。由于交货期和信用期较短，它们具有有限的离散状态空间。此外，需求是从一组有限的值中得出的。即使考虑到所有这些事实，Opt的计算时间仍呈现较大跨度，范围从1小时到10小时以上不等。所有程序在Windows（×64）平台上使用MATLAB R2015b编写，使用英特尔酷睿i7-3770处理器，调用CPLEX 12.6作为线性规划求解器。

从表8-1中可以看出，在这些实例中，LP-greedy策略与最优策略下的成本平均差距为1.83%。在相同的参数设置下，我们也对积压情况进行了数值研究。结果如表8-2所示，其中LP-greedy策略下的成本与最优策略下的成本平均差距为1.55%。这些数值实验证明了我们所提出的线性规划贪婪策略的有效性。

表8-2　**需求积压情况下LP-greedy策略和最优策略下的成本**

Demand	m	L	K	LPg	Opt	Gap（%）
$U[0, 3]$	4	2	30	236.86	233.20	1.57
$U[0, 3]$	4	2	40	221.81	218.62	1.46
$U[0, 3]$	4	2	50	210.44	206.78	1.77
$U[0, 3]$	4	3	30	237.88	235.20	1.14
$U[0, 3]$	4	3	40	226.53	224.40	0.95
$U[0, 3]$	4	3	50	214.48	211.26	1.52
$U[0, 3]$	5	2	30	231.00	226.40	2.03
$U[0, 3]$	5	2	40	217.20	214.31	1.35
$U[0, 3]$	5	2	50	209.46	205.43	1.96
$U[0, 3]$	5	3	30	233.61	231.27	1.01
$U[0, 3]$	5	3	40	220.07	216.31	1.74
$U[0, 3]$	5	3	50	210.11	207.03	1.49
$U[0, 6]$	4	2	30	443.51	434.85	1.99
$U[0, 6]$	4	2	40	415.48	409.83	1.38
$U[0, 6]$	4	2	50	393.19	386.58	1.71
$U[0, 6]$	4	3	30	449.42	443.52	1.33
$U[0, 6]$	4	3	40	427.27	419.92	1.75

续表

Demand	m	L	K	LPg	Opt	Gap（%）
$U[0, 6]$	4	3	50	398.84	391.72	1.82
$U[0, 6]$	5	2	30	438.59	431.34	1.68
$U[0, 6]$	5	2	40	410.59	404.36	1.54
$U[0, 6]$	5	2	50	388.17	382.89	1.38
$U[0, 6]$	5	3	30	442.50	438.16	0.99
$U[0, 6]$	5	3	40	420.57	413.63	1.68
$U[0, 6]$	5	3	50	396.44	389.35	1.82
Average				320.58	315.68	1.55

请注意，我们提出的LP-greedy启发式策略仅适用于具有平稳需求的模型。特别地，所构造的f^{ADP}的二次逼近只有在需求是平稳的情况下才有意义。否则，将视具体时期而定。此外，我们利用ADP-LP方法得到了该启发式策略。

8.7 本章小结

本章在供应链金融的背景下考虑了具有付款延迟和信用额度的多周期随机库存模型，同时，研究了需求积压和需求丢失两种情况。由于付款时间与订单数量和当前应付账款水平相关，信用期限和信用额度共同影响了最优订购策略。不同时期的库存和应付账款都被纳入系统状态。我们利用$L^\natural$凸性的工具来证明最优订货策略的单调性。结果表明：各时期的最优订货量在库存和应付账款水平上均呈递减趋势；此外，最优订货量对应付账款的敏感性随年龄的增长而降低。在需求积压的情况下，由于信用限制的存在，基本库存策略和与应付账款相关的基本库存策略都不是最优的。虽然企业总是受益于信用额度的增加，但最优订货量并不一定随着信用额度的增加而增加。最后，基于成本函数（cost-to-go function）的 $L^{\natural}$ 凸性，我们设计了 LP-greedy 启发式策略并通过数值结果展示了这种启发式算法的有效性。

第 9 章

结论与展望

9.1 全书总结

库存是指一些当前闲置的、用于未来的、有经济价值的资源。长期以来，库存作为企业生产和销售的物资保障服务环节，在企业的经营中占有重要地位。企业持有一定的库存，有助于保证生产正常、连续、稳定进行，也有助于保质保量地满足客户需求、维护企业声誉、巩固市场占有率。所谓库存管理，是指对制造业或者服务业生产经营全过程中所需要的各种物品、产成品以及其他资源进行管理和控制，使其储备保持在经济合理的水平上。如果管理库存不力，有可能导致库存的过剩或不足。库存不足将导致错过送货、失去销售额、顾客不满、产生生产力瓶颈等；而库存过剩将导致消耗仓储空间或者人力资源，进而产生额外的库存成本。

不同的研究者基于现实背景出发，分别从不同时间框架（单周期或者多周期）、库存检查的方式（连续检查或者定期检查）、供应和需求端是否存在随机性、是否存在供应提前期、需求是否内生、需求积压或者需求丢失等角度，研究最优的库存管理问题。本书主要关注多周期的随机库存控制问题，以社会实践中普遍存在的若干库存管理问题为研究对象，深入剖析了需求丢失情形下的库存管理问题、易变质品库存管理问题、双源采购问题、供应链金融背景下的库存管理问题，并主要运用近似动态规划理论的框架来进行分析和求解，具体来说包括：

（1）针对需求丢失情形下且具有正数交货期的多周期库存管理问题，我们建立了随机动态规划模型，证明了贝尔曼方程中的值函数具有$L^{\natural}$凸性，先利用一个二次函数去近似最优策略下的$L^{\natural}$凸性值函数，然后用近似动态规划的方法将这个动态规划问题转换成线性规划问题，进行求解并得到近似后值函数的二次函数具体表达形式，从而得到线性规划贪婪（LP-greedy）算法，并以其为基础，进一步得到了 LP-Greedy-2、T^L、T^{L+1}以及 LP-$\hat{q}$-greedy 算法。最后，通过详细的数值实验验证了我们的算法比文献中所提及的启发式方法更为有效，同时也通过数值实验展示了 LP-greedy 的渐进最优性趋势。

（2）在具有正数交货期情况下易变质品的多周期库存管理问题中，我们假设每个时间周期中未被满足的需求可以被延期满足。我们仍然利用一个二次函数去近似最优策略下的$L^\natural$凸性值函数，然后用近似动态规划的方法将这个动态规划问题转换成线性规划问题进行求解并得到近似后值函数的二次函数具体表达形式，从而得到线性规划贪婪（LP-greedy）算法，并以其为基础，进一步得到了T^Λ以及$T^{\Lambda+1}$算法。最后，我们通过详细的数值实验验证了我们的算法比文献中所提及的启发式方法更为有效。

（3）对于任意供应提前期差异下的双源采购问题，我们发现各个时间周期的最优成本函数具有$L^\natural$凸性，然后基于$L^\natural$凸性函数的二次近似和近似动态规划的理论开发出线性规划贪婪（LP-greedy）算法，并把每个阶段的决策问题转化为一维优化问题。最后，通过详细的数值实验表明了我们所设计的线性规划贪婪算法比近年来双源采购文献中所提及的启发式方法更为有效。

（4）对任意供应提前期的双源采购问题做进一步的拓展。考虑两个供应商均存在风险的情况，其中我们用供应商的随机产能来刻画供应商的风险。考虑供应的不确定性产能风险给这个问题带来了更进一步的挑战。具体来说，每阶段实际获得的订货量将会被某个随机产能的实现所截断，真实得到的订货量是订货量和供应商实现产能之间的最小值，因此导致动态规划中每个阶段的问题不是一个凸优化问题。本书除了基于$L^\natural$凸性函数的二次近似和近似动态规划理论，也利用

Chen 等（2018）提出的一个巧妙的转换技巧把各个阶段的问题转化为一个凸优化问题，从而可以方便地进行搜索以得到最优解。除了利用数值实验来和已有文献中的双源采购算法进行比较之外，本书也基于信息松弛的方法计算存在供应商不确定性产能风险时双源采购问题的成本下界，以进一步论证我们所设计算法的有效性。

（5）针对市场随机需求分布未知时企业所面临的任意供应提前期下的双源采购问题，我们不使用随机动态规划中的贝尔曼方程来对问题进行建模。针对这一问题，我们提出了两种算法来进行求解。在第一种算法中，我们利用线性决策规则（LDR）来重新表述双源采购问题并进行建模，将一般的双源采购问题转化为可处理的二阶锥规划（SOCP）。在第二种启发式算法中，我们基于 LDR 开发了一种新的近似动态规划算法，并发现在每个时间周期内，近似的值函数对于决策变量是凸的，使求解过程更加高效。最后，本书通过一系列不同规模的数值实验来展示我们所设计算法的有效性。

（6）在考虑供应链金融背景下的库存管理问题中，企业从上游供应商采购时可以利用贸易信用的条款、通过一定的信用额度进行延迟付款。本书考虑了具有付款延迟和信用额度的多周期随机库存模型，并同时研究了需求积压和需求丢失两种情况。我们利用 $L^{\natural}$ 凸性的工具来证明最优订货策略的单调性。结果表明：各时期的最优订货量在库存和应付账款水平上均呈递减趋势；最优订货量对应付账款的敏感性随年龄的增长而降低。在需求积压的情况下，由于信用限制的存在，基本库存策略和与应付账款相关的基本库存策略都不是最优的。虽然企业总是受益于信用额度的增加，但最优订货量并不一定随着信用额度的增加而增加。最后，基于成本函数的 $L^{\natural}$ 凸性，我们设计了 LP-greedy 启发式策略并通过数值结果展示了这种启发式算法的有效性。

9.2 研究展望

本书运用近似动态规划的理论框架，针对在实际背景和数学求解技巧上具有一定联系的六个库存管理问题进行研究，主要关注最优库存策略结构性质的刻画以及启发式算法的设计。针对这些库存管理问题，可以根据不同的实际背景做出不同的假设，其进一步研究方向有以下几个方面：

（1）本书分别考虑了任意供应提前期背景下供应商产能风险是否存在以及需求分布信息可能未知的双源采购问题，并设计了启发式算法来求解并验证了算法有效性。但是现实中企业也常常同时从更多的供应商处进行采购并且各个供应商的供应提前期互不相同，因此考虑更加一般意义的多源采购问题并探讨相应的启发式算法将是很有趣的、值得未来研究的课题。

（2）在研究库存管理问题时，本书基于$L^\natural$凸性函数的二次近似和近似动态规划的理论设计了线性规划贪婪算法，其属于参数化近似（parametric approximation）方法。在近似动态规划框架下，非参数化近似（non-parametric approximation）方法则可能更加有效，比如在记录值函数的数据时可能只记录整个值函数上面的一些特殊点，这样传统的值迭代（value iteration）则因不再存在“维数灾难”现象而变得可行，例如Chen等（2014）指出基于$L^\natural$凸性函数的非参数近似可用于解决一些经典的库存控制难题。探索非参数化近似在更多库存管理领域的应用，并比较近似动态规划框架下参数化近似和非参数化近似的性能差异，也可以作为未来很重要的一个研究方向。

（3）在考虑供应链金融背景下的多周期库存管理问题时，我们的模型假设企业没有资金约束，但是它同时也可以扩展到公司在营运资金有限时使用贸易信贷与其他融资计划相结合的情况。

（4）本书所考虑的问题均是单个产品的库存管理问题，但在现实生活中企业通常要进行多个相互关联产品的库存决策，因此，如何将近似动态规划的理论框架拓展到多产品的库存管理问题中是未来需要重点研究的课题。

（5）本书主要探讨了近似动态规划理论在多周期库存管理中的应用，由于近似动态规划在建模和分析库存管理问题时有很大的应用潜力，我们可以考虑将近似动态规划应用于更加复杂的供应链管理问题。

参考文献

［1］ 陈杰，陈志祥．具有多元马氏需求的易变质多产品的EOQ模型［J］．管理工程学报，2016，30（4）：93-101.

［2］ 陈文博，董明．产能不确定时M型按订单装配产品（ATO）的多周期最优零部件补货策略［J］．工业工程与管理，2017，6（6）：63-70.

［3］ 冯颖，张炎治．随机需求下考虑订货提前期的易变质产品（r，Q）库存策略研究［J］．中国管理科学，2012，20（2）：506-512.

［4］ ADELMAN D. Dynamic bid prices in revenue management［J］．Operations Research，2007，55（4）：647-661.

［5］ ALLON G，VAN MIEGHEM J A. Global dual sourcing：Tailored base-surge allocation to near-and offshore production［J］．Management Science，2010，56（1）：110-124.

［6］ ARROW K J，HARRIS T，MARSCHAK J. Optimal inventory policy［J］．Econometrica：Journal of the Econometric Society，1951，19（3）：250-272.

［7］ BABICH V. Independence of capacity ordering and financial subsidies to risky suppliers［J］．Manufacturing & Service Operations Management，2010，12（4）：583-607.

[8] BARANKIN E W.A delivery-lag inventory model with an emergency provision [J]. Naval Research Logistics Quarterly, 1961, 8 (3): 285-311.

[9] BENDVID I, HERER Y T, YUCESAN E. Inventory management under working capital constraints [J]. Journal of Simulation, 2017, 11 (1): 62-74.

[10] BERTSEKAS D, TSITSIKLIS J N. Neuro-dynamic programming [M]. Belmont: Athena Scientific, 1996.

[11] BESBES O, IANCU D A, TRICHAKIS N. Dynamic pricing under debt: Spiraling distortions and efficiency losses [J]. Management Science, 2018, 64 (10): 4572-4589.

[12] BRAGLIA M, CASTELLANO D, MARRAZZINI L, et al. A continuous review (Q, r) inventory model for a deteriorating item with random demand and positive lead time [J]. Computers & Operations Research, 2019, 109 (C): 102-121.

[13] BREZA E, LIBERMAN A. Financial contracting and organizational form: Evidence from the regulation of trade credit [J]. The Journal of Finance, 2017, 72 (1): 291-324.

[14] BROWN D B, SMITH J E, SUN P. Information relaxations and duality in stochastic dynamic programs [J]. Operations Research, 2010, 58 (4): 785-801.

[15] BROWN D B, SMITH J E. Information relaxations, duality, and convex stochastic dynamic programs [J]. Operations Research, 2014, 62 (6): 1394-1415.

[16] CANT L. Life saving decisions: A model for optimal blood inventory management [D]. Princeton: Princeton University, 2006.

[17] CERVELLERA C, CHEN V C, WEN A.Optimization of a large-scale water reservoir network by stochastic dynamic programming with efficient state space discretization [J]. European Journal of Operational Research, 2006, 171

(3): 1139-1151.

[18] CHAO X, CHEN J, WANG S.Dynamic inventory management with cash flow constraints [J]. Naval Research Logistics, 2008, 55 (8): 758-768.

[19] CHEN L, CHEN X, KEBLIS M F, et al.Optimal pricing and replenishment policy for deteriorating inventory under stock-level-dependent, time-varying and price-dependent demand [J]. Computers & Industrial Engineering, 2019, 135: 1294-1299.

[20] CHEN W, DAWANDE M, JANAKIRAMAN G.Fixed-dimensional stochastic dynamic programs: An approximation scheme and an inventory application [J]. Operations Research, 2014, 62 (1): 81-103.

[21] CHEN W, DONG M. Joint inventory control across products with supply uncertainty and responsive pricing [J]. Journal of the Operational Research Society, 2018, 69 (8): 1215-1226.

[22] CHEN X, GAO X Y, PANG Z. Preservation of structural properties in optimization with decisions truncated by random variables and its applications [J]. Operations Research, 2018, 66 (2): 340-357.

[23] CHEN X, GAO X, HU Z.A new approach to two-location joint inventory and transshipment control via $L_{\natural}$-convexity [J]. Operations Research Letters, 2015, 43 (1): 65-68.

[24] CHEN X, HU P, HE S. Preservation of supermodularity in parametric optimization problems with nonlattice structures [J]. Operations Research, 2013, 61 (5): 1166-1173.

[25] CHEN X, PANG Z, PAN L M.Coordinating inventory control and pricing strategies for perishable products [J]. Operations Research, 2014, 62 (2): 284-300.

[26] CHUNG K J, LIAO J J.The optimal ordering policy of the EOQ model under trade credit depending on the ordering quantity from the DCF approach [J]. European Journal of Operational Research, 2009, 196 (2): 563-568.

[27] DANIEL K H.A delivery-lag inventory model with emergency [D]. Berkeley: University of California, Berkeley, 1962.

[28] DE FARIAS D P, VAN ROY B. On constraint sampling in the linear programming approach to approximate dynamic programming [J]. Mathematics of Operations Research, 2004, 29 (3): 462-478.

[29] DE FARIAS D P, VAN ROY B. The linear programming approach to approximate dynamic programming [J]. Operations Research, 2003, 51 (6): 850-865.

[30] DE Farias D P. Approximate linear programming for average-cost dynamic programming [J]. Advances in Neural Information Processing Systems, 2003 (15): 1619.

[31] FANG J R, ZHAO L, FRANSOO J C, et al.Sourcing strategies in supply risk management: An approximate dynamic programming approach [J]. Computers & Operations Research, 2013, 40 (5): 1371-1382.

[32] FARIAS V F, VAN ROY B. Tetris: A study of randomized constraint sampling [M] //CALAFIORE G, DABBENE F. Probabilistic and randomized methods for design under uncertainty, Part II. London: Springer-Verlag, 2006: 189-201.

[33] FUKUDA Y. Optimal policies for the inventory problem with negotiable leadtime [J]. Management Science, 1964, 10 (4): 690-708.

[34] GEORGE A P, POWELL W B. Adaptive stepsizes for recursive estimation with applications in approximate dynamic programming [J]. Machine Learning, 2006, 65 (1): 167-198.

[35] GEORGE A, POWELL W B, KUALKARNI S R. Value Function Approximation using Multiple Aggregation for Multiattribute Resource Management [J]. Journal of Machine Learning Research, 2008, 9 (10): 2079-2111.

[36] GIANNETTI M, BURKART M, ELLINGSEN T.What you sell is what you

lend? Explaining trade credit contracts [J]. The Review of Financial Studies, 2011, 24 (4): 1261-1298.

[37] GODFREY G A, POWELL W B.An adaptive dynamic programming algorithm for dynamic fleet management, Ⅱ: Multiperiod travel times [J]. Transportation Science, 2002, 36 (1): 40-54.

[38] GODFREY G A, POWELL W B.An adaptive dynamic programming algorithm for dynamic fleet management, I: Single period travel times [J]. Transportation Science, 2002, 36 (1): 21-39.

[39] GOLDBERG D A, KATZ-ROGOZHNIKOV D A, LU Y, et al.Asymptotic optimality of constant-order policies for lost sales inventory models with large lead times [J]. Mathematics of Operations Research, 2016, 41 (3): 898-913.

[40] GONG X T, CHAO X L, SIMCHI-LEVI D.Dynamic inventory control with limited capital and short-term financing [J]. Naval Research Logistics, 2014, 61 (3): 184-201.

[41] GONG X, CHAO X.Optimal control policy for capacitated inventory systems with remanufacturing [J]. Operations Research, 2013, 61 (3): 603-611.

[42] GUPTA D, WANG L.A stochastic inventory model with trade credit [J]. Manufacturing & Service Operations Management, 2009, 11 (1): 4-18.

[43] HU Q, SOBEL M J.Echelon base-stock policies are financially sub-optimal [J]. Operations Research Letters, 2007, 35 (5): 561-566.

[44] HU Q.Inventory management and debt maturity structure [J]. Production and Operations Management, 2017, 26 (10): 1819-1838.

[45] HUA Z S, YU Y M, ZHANG W, et al.Structural properties of the optimal policy for dual-sourcing systems with general lead times [J]. IIE Transactions, 2015, 47 (8): 841-850.

[46] HUH W T, JANAKIRAMAN G, MUCKSTADT J A, et al. Asymptotic optimality of order-up-to policies in lost sales inventory systems [J].

Management Science, 2009, 55 (3): 404–420.

[47] HUH W T, JANAKIRAMAN G. On the optimal policy structure in serial inventory systems with lost sales [J]. Operations Research, 2010, 58 (2): 486–491.

[48] JANAKIRAMAN G, SESHADRI S, SHEOPURI A.Analysis of tailored base-surge policies in dual sourcing inventory systems [J]. Management Science, 2015, 61 (7): 1547–1561.

[49] KARAESMEN I Z, SCHELLER–WOLF A, DENIZ B.Managing perishable and aging inventories: Review and future research directions [M] //KEMPF K G, KESKINOCAK P, UZSOY R.Planning production and inventories in the extended enterprise. Volume 151.Boston: Springer US, 2011: 393–436.

[50] KARLIN S, SCARF H. Inventory models of the Arrow–Harris–Marschak type with time lag [M] //Studies in the mathematical theory of inventory and production. Stanford: Stanford University Press, 1958: 155–178.

[51] KATEHAKIS M N, MELAMED B, SHI J J. Cash–flow based dynamic inventory management [J]. Production and Operations Management, 2016, 25 (9): 1558–1575.

[52] KLOSTERHALFEN S, KIESMÜLLER G, MINNER S.A comparison of the constant–order and dual–index policy for dual sourcing [J]. International Journal of Production Economics, 2011, 133 (1): 302–311.

[53] KOUVELIS P, ZHAO W.Financing the newsvendor: Supplier vs.bank, and the structure of optimal trade credit contracts [J]. Operations Research, 2012, 60 (3): 566–580.

[54] LAI G, MARGOT F, SECOMANDI N.An approximate dynamic programming approach to benchmark practice–based heuristics for natural gas storage valuation [J]. Operations Research, 2010, 58 (3): 564–582.

[55] LI H, LIU L, ZHANG J. Optimal order policy for a stochastic inventory system with trade credit [J]. European Journal of Operational Research,

2010, 202 (3): 554-561.

[56] LI J, ZHANG D, JIANG C, et al. Optimal inventory control for perishable products with demand substitution [J]. Operations Research, 2018, 66 (1): 191-207.

[57] LIN Y, ETTL M, YAO D D, et al. A new approach for dynamic inventory management in supply chains [J]. Operations Research, 2014, 62 (5): 947-961.

[58] LIU L, YANG J, ZHANG R. Optimal ordering policies for perishable inventory systems with inventory-level-dependent demand [J]. Operations Research Letters, 2008, 36 (6): 663-668.

[59] LU Y, SONG J S, ZHAO Y. Optimal policies and approximations for a dual-sourcing inventory system with fixed costs [J]. Operations Research, 2017, 65 (2): 379-395.

[60] MARGOLIS P, POWELL W B. Stochastic optimization for a dual sourcing problem with capacity constraints [J]. European Journal of Operational Research, 2018, 266 (3): 1049-1063.

[61] MOHAMMADI M, BENDAVID I, HERER Y T. Inventory management under financial constraints: A literature review [J]. Omega, 2020, 95: 102067.

[62] MORTAZAVI A, YU M, KESKINOCAK P. Dynamic pricing and inventory control for substitute products [J]. Manufacturing & Service Operations Management, 2020, 22 (3): 407-422.

[63] MUROTA K. Discrete convex analysis [J]. Mathematical Programming, 1998, 83 (1): 313-371.

[64] MUROTA K. Discrete Convex Analysis [M]. Philadelphia: SIAM, 2003.

[65] NAHMIAS S, PIERSKALLA W P. Optimal ordering policies for a product that perishes in two periods subject to stochastic demand [J]. Naval Research Logistics Quarterly, 1973, 20 (2): 207-229.

[66] NAHMIAS S. Perishable inventory theory: A review [J]. Operations Research,

1982, 30 (4): 680-708.

[67] NAHMIAS S. Myopic approximations for the perishable inventory problem [J] . Management Science, 1976, 22 (9): 1002-1008.

[68] NAHMIAS S.Perishable inventory systems [M]. Berlin: Springer Science & Business Media, 2011.

[69] NASIRY J, POPESCU I. Dynamic pricing with loss-averse consumers and peak-end anchoring [J]. Operations Research, 2011, 59 (6): 1361-1368.

[70] NOHAM R, TZUR M. The single-item dynamic lot-sizing problem with backlogging and inventory deterioration [J]. Operations Research, 2019, 67 (3): 721-737.

[71] PANG Z, CHEN F Y, FENG Y Y.A note on the structure of joint inventory-pricing control with leadtimes [J]. Operations Research, 2012, 60 (3): 581-587.

[72] POWELL W B, GEORGE A, BOUZAIENE-AYARI B, et al.Approximate dynamic programming for high dimensional resource allocation problems [C] //Proceedings. 2005 IEEE International Joint Conference on Neural Networks, 2005, 5: 2989-2994.

[73] POWELL W B, SHAPIRO J A, SIMÃO H P. An adaptive dynamic programming algorithm for the heterogeneous resource allocation problem [J]. Transportation Science, 2002, 36 (2): 231-249.

[74] POWELL W B. Approximate Dynamic Programming: Solving the curses of dimensionality [M]. Hoboken: Wiley-Interscience, 2007.

[75] POWELL W B.What you should know about approximate dynamic programming [J]. Naval Research Logistics , 2009, 56 (3): 239-249.

[76] POWELL W, BOUZAIENE-AYARI B.13.Approximate dynamic programming for rail operations [C] //7th Workshop on Algorithmic Approaches for Transportation Modeling, Optimization, and Systems (ATMOS'07) .

Schloss Dagstuhl-Leibniz-Zentrum für Informatik, 2007: 191-208.

[77] QI X, SHEN Z J M, SNYDER L V.The effect of supply disruptions on supply chain design decisions [J]. Transportation Science, 2010, 44 (2): 274-289.

[78] QIN Y, WANG R, VAKHARIA A J, et al. The newsvendor problem: Review and directions for future research [J]. European Journal of Operational Research, 2011, 213 (2): 361-374.

[79] RAJAGOPALAN S. Make to order or make to stock: Model and application [J]. Management Science, 2002, 48 (2): 241-256.

[80] RAVINDRAN A R. Operations research and management science handbook [M]. Boca Raton: CRC Press, 2016.

[81] REIMAN M I. A new and simple policy for the continuous review lost sales inventory model [Z]. unpublished manuscript, 2004.

[82] ROBB D J, SILVER E A. Inventory management under date-terms supplier trade credit with stochastic demand and leadtime [J]. Journal of the Operational Research Society, 2006, 57 (6): 692-702.

[83] ROBINSON L W, LAWRENCE K D.Solving the multiperiod inventory routing problem [J]. European Journal of Operational Research, 2004, 152 (2): 439-455.

[84] SCHELLER-WOLF A, VEERARAGHAVAN S, VAN HOUTUM G J.Effective dual sourcing with a single index policy [Z] //Tepper School of Business, Carnegie Mellon University, Pittsburgh Working paper.Citeseer, 2007.

[85] SECOMANDI N, MARGOT F. Re-optimization approaches for the vehicle-routing problem with stochastic demands [J]. Operations Research, 2009, 57 (1): 214-230.

[86] SECOMANDI N.A rollout policy for the vehicle routing problem with stochastic demands [J]. Operations Research, 2001, 49 (5): 796-802.

[87] SECOMANDI N. Comparing neuro-dynamic programming algorithms for the

vehicle routing problem with stochastic demands [J]. Computers & Operations Research, 2000, 27 (11-12): 1201-1225.

[88] SEE C T, SIM M.Robust approximation to multiperiod inventory management [J]. Operations Research, 2010, 58 (3): 583-594.

[89] SEIFERT D, SEIFERT R W, PROTOPAPPA-SIEKE M.A review of trade credit literature: Opportunities for research in operations [J]. European Journal of Operational Research, 2013, 231 (2): 245-256.

[90] SHANG K, SONG J S.Newsvendor bounds and heuristic for optimal policies in serial supply chains [J]. Management Science, 2003, 49 (5): 618-638.

[91] SHEOPURI A, JANAKIRAMAN G, SESHADRI S. New policies for the stochastic inventory control problem with two supply sources [J]. Operations Research, 2010, 58 (3): 734-745.

[92] SIMAO H P, DAY J, GEORGE A P, et al. An approximate dynamic programming algorithm for large-scale fleet management: A case application [J]. Transportation Science, 2009, 43 (2): 178-197.

[93] SIMCHI-LEVI D, CHEN X, BRAMEL J, et al. The logic of logistics: Theory, algorithms, and applications for logistics and supply chain management [M]. New York: Springer, 2005.

[94] SIMCHI-LEVI D, ZHAO Y.Performance of heuristic and optimal policies in lost-sales inventory systems with lead times [J]. Operations Research, 2012, 60 (5): 1258-1270.

[95] SUTTON R S, BARTO A G.Reinforcement learning: An introduction [M]. Cambridge, MA: MIT Press, 2018.

[96] TILMANT A, PINTE D, GOOR Q. Assessing marginal water values in multipurpose multireservoir systems via stochastic programming [J/OL]. Water Resources Research, 2008, 44 (12): pn/a.

[97] TONG C, TOPALOGLU H.On the approximate linear programming approach

for network revenue management problems [J]. INFORMS Journal on Computing, 2014, 26 (1): 121-134.

[98] TOPALOGLU H, KUNNUMKAL S. Approximate dynamic programming methods for an inventory allocation problem under uncertainty [J]. Naval Research Logistics, 2006, 53 (8): 822-841.

[99] TREZOS T, YEH W W-G. Use of stochastic dynamic programming for reservoir management [J]. Water Resources Research, 1987, 23 (6): 983-996.

[100] VAN DER VLIET K, REINDORP M J, FRANSOO J C. The price of reverse factoring: Financing rates vs. payment delays [J]. European Journal of Operational Research, 2015, 242 (3): 842-853.

[101] VEERARAGHAVAN S, SCHELLER-WOLF A. Now or later: A simple policy for effective dual sourcing in capacitated systems [J]. Operations Research, 2008, 56 (4): 850-864.

[102] WHITTEMORE A S, SAUNDERS S C. Optimal inventory under stochastic demand with two supply options [J]. SIAM Journal on Applied Mathematics, 1977, 32 (2): 293-305.

[103] WU T T, POWELL W B, WHISMAN A. The optimizing-simulator: An illustration using the military airlift problem [J]. ACM Transactions on Modeling and Computer Simulation, 2009, 19 (3): 1-31.

[104] XIN L, GOLDBERG D A. Asymptotic optimality of tailored base-surge policies in dual-sourcing inventory systems [J]. Management Science, 2018, 64 (1): 437-452.

[105] ZHANG J, SOBEL M J. Financially optimal inventory policies with non-linear replenishment costs [J]. Asia-Pacific Journal of Operational Research, 2010, 27 (4): 477-492.

[106] ZIPKIN P. Old and New Methods for Lost-Sales Inventory Systems [J]. Operations Research, 2008, 56 (5): 1256-1263.

[107] ZIPKIN P. On the Structure of Lost-Sales Inventory Models [J]. Operations Research, 2008, 56 (4): 937-944.

索引